사귐의 기도

A Method of Prayer

단순한 기도로 열어가는 하나님과의 친밀한 사귐

세월이 흘러도 변함없이 좋은 책 7

잔느 귀용 사귐의 기도

초판 1쇄 발행 | 2011년 6월 24일
초판 4쇄 발행 | 2025년 7월 25일

지은이 | 잔느 귀용
옮긴이 | 서희연
일러스트 | 김승아
펴낸이 | 신은철
펴낸곳 | 도서출판 좋은씨앗
1999. 12. 21 등록 | 제4-385호

주소 | (06753) 서울시 서초구 바우뫼로 156(양재동, 엠제이빌딩) 402호
주문전화 | (02) 2057-3041 주문팩스 | (02) 2057-3042
페이스북 | www.facebook.com/goodseedbook
이메일 | good-seed21@hanmail.net

ISBN 978-89-5874-065-5 03230

사귐의 기도

잔느 귀용 지음 | 서희연 옮김

좋은씨앗

차례 contents

책을 읽기 전에　9
처음 만나는 잔느 귀용　12
간략한 책 소개　15

part 1 봄, 주님을 만나러 갑니다

01. 깊은 만남으로의 초대　21
02. 한 걸음 내디뎌 보세요　28
03. 예수님을 읽으세요　37
04. 사랑해서 사랑합니다　46

part 2 여름, 목마른 날들을 지나며

05. 메마른 길을 지날 때   55
06. 나를 포기합니다   61
07. 십자가를 집니다   70
08. 예수의 흔적을 지닙니다   76
09. 하나님을 닮아갑니다   82

part 3 가을, 깊은 사귐 속으로

10. 내면에 거하세요   89
11. 내 안의 그리스도를 향하여   94
12. 내면에서 흘러나오는 기도   102
13. 임재 속에서 풍성함을 누리세요   112
14. 침묵하는 습관을 들이세요   116
15. 주님의 빛에 마음을 드러내세요   120
16. 성령의 인도를 따라 말씀을 읽으세요   128

part 4 겨울, 주님 앞에서 잠잠히 잠잠히

17. 나의 기도가 그치다   133
18. 내 본연의 모습과 마주치다   136
19. 유혹에 대처하기   140
20. 자아를 온전히 주님께 드리세요   143
21. 침묵 속에서 성령님을 따라가세요   153

part 5 그리고 영원한 새봄

22. 주님 안에 영원히   179
23. 그리스도의 일꾼들에게 당부합니다   193
24. 하나님과 하나 되는 날까지   205
25. 옥중에서   227

책을 읽기 전에

잔느 귀용의 삶을 들여다보면서 마음속에 떠나지 않는 질문이 하나 있습니다. 그것은 바로 "나는 하나님을 사랑하는가?"입니다. 그냥 사랑하는 것이 아니라 진실로, 전심을 다해서 말입니다.

이미 짐작하셨을지 모르지만 잔느 귀용은 하나님을 진실로 뜨겁게 사랑한 여인이었습니다. 1600년대 기독교는 지성주의가 가장 칭송받는 시대였습니다. 그런 시대에 잔느 귀용이 걸어간 신앙의 길은 납득하기 힘든 것이었습니다. 그랬기에 평생에 걸쳐 수많은 사람들에게 핍박을 당하고 어려움을 겪어야 했습니다.

잔느 귀용은 중국 선교의 아버지 허드슨 테일러나 설교의 황제라 불리는 찰스 스펄전처럼 기독교 역사에 있어 길이 남을 발자취를 남긴 인물은 아닙니다. 하지만 잔느 귀용은 자신의 삶을 완전히 주님께 드렸고, 죽을 때까지 오로지 주님만 바라보며 누구보다 뜨겁게 주님을 사랑했습니다. 살아가면서 겪는 고난조차 예수님이 주시는 것으로 여기고 기쁨으로 받아들였습니다.

주님에 대한 사랑과 충성은 현대의 독자들이 생각하기엔 극단적이며 무모하게 느껴질 정도입니다. 가령 잔느는 예수님의 이름을 종이에 쓴 뒤 피부에 꿰매어 붙이고 다닌 적도 있었다고 합니다. 샹탈 부인에 관한 글을 읽다가 달궈진 인두로 예수님의 이름을 가슴에 새겼다는 내용을 보고 따라한 것이지요. 천연두 때문에 얼굴이 심하게 패였을 때는 외모에 대한 허영심으로부터 자유를 얻었다며 기뻐했다고 합니다.

사실 잔느의 모든 행위는 오직 하나님만 높여드리며 순전히 하나님께 드리는 제물이 되고자 했던 마음에서 비롯된 것이었습니다. 잔느 귀용은 이 책을 읽으려는 독자들에게 당부합니다. "아무런 편견 없이 어린아이와 같은 마음으로" 책을 읽으라고 말입니다. 그렇게 했을 때 "단순한 표현에 담겨 있는 비밀"을 발견할 수 있을 것이고, 이 비밀은 "주님의 제자들이 누리고자 열망했던 기쁨과 내밀한 행복을 찾는 흥분"이 아닐는지요.

잔느 귀용이 전심으로 하나님을 사랑하기 원했던 '순전한 사랑'에의 갈망을 독자 여러분 또한 이 책을 읽으면서 찾게 되시길 바랍니다. 하나님을 향한 극진한 사랑의 열병을 앓았던 귀용의 삶이 부디 여러분의 삶 속에서 다양한 모습으로 피어나길 기도합니다.

처음 만나는 잔느 귀용

잔느 마리 부비에 드 라 모트 귀용(Jeanne-Marie Bouvier de la Motte Guyon), 우리가 잔느 귀용(1648-1717)이라 부르는 이 여인은 1648년 4월 18일, 프랑스의 루이 14세 때 부유한 귀족가에서 태어났습니다.

신앙심 깊고 잔느를 깊이 사랑하는 아버지와 허영심 많고 냉담한 성격의 어머니 밑에서 성장한 잔느는 어린 시절부터 감수성이 예민한 아이였습니다. 종교적 심성이 남달리 깊어 종교 의식이나 고행으로 하나님을 만나려 하기도 했습니다.

하지만 이를 통해 하나님의 실체에 이르지 못하자 심한 종교적 갈등을 겪었습니다. 그런 가운데 수녀가 되고자 하는 바람도 부모의 반대로 꺾이고, 처음으로 사랑을 느낀 남성은 하필 친척 관계에 있는 사람이었습니다. 이렇게 결혼은 무산되고 맙니다.

잔느는 결국 부모의 강권에 못이겨 열여섯의 나이에 스물두 살이나 연상인 부유한 남성과 결혼을 하게 됩니다. 남편은 병약해서 늘 병치레를 했고, 괴팍하며 속물스러운 시어머니의 학대는 이루 다 말할 수 없을 정도였습니다.

고통스런 생활 중에 귀용 부인은 하나님을 더욱 절실히 갈망하게 되었고, 마침내 어느 프란체스코 수사와 극적으로 만나면서 자신 안에 계신 하나님의 현존을 깨닫게 됩니다. 그것은 당시 성인들의 중보나 공식적으로 쓰인 기도문을 통해서가 아니라 오직 예수 그리스도를 통해서 하나님께 직접 나아가 간구할 수 있다는 깨달음이었습니다. 잔느 귀용은 '단순하게 기도하기'를 하나님께 직접 배우며 이후로 하나님의 임재 가운데서 살아갑니다.

12년의 고통스런 결혼 생활 끝에 남편은 병으로 죽고 잔느는 스물여덟의 젊은 나이에 과부가 됩니다. 이후로 자신의 삶을 하나님께 바치며 십자가를 지고 철저히 주님을 따르는 생활을 시작합니다. 이는 하나님께서 당신의 일을 맡기기 위하여 잔느를 불러내시는 시기였습니다. 잔느는 제네바로 가라는 내적 음성을 듣습니다. 그때부터 잔느의 삶은 박해와 오해, 비난과 수치, 투옥으로 가득 차게 됩니다.

수차례의 혹독한 감옥 생활에도 기적같이 살아서 출감한 잔느는 그 후에도 영적 갈망 때문에 계속해서 찾아오는 사람들에게 옛 자아의 못박힘과 성화, 자아 부인과 십자가를 지고 주님을 따르는 생활, 성령 안에서의 기도와 그리스도의 내적 생명에 대해 가르칩니다.

주님을 몹시 사랑한 여인, 잔느 귀용은 바스티유에서 출옥한 지 15년 후인 1717년 6월 9일, 일흔의 나이로 세상을 떠납니다.

간략한 책 소개

잔느 귀용은 살아 생전에 여러 책을 썼습니다. 그 중에서 대표작으로 꼽을 수 있는 것은 자서전과 이 책「사귐의 기도」입니다. 이 책은 파란만장한 역사를 지녔습니다. 1658년경 프랑스에서「기도의 방법」(A Method of Prayer)이라는 제목으로 처음 출간되었는데, 출간 후 얼마 지나지 않아 프랑스 전역에 있는 신앙인들에게 큰 반향을 불러일으켰습니다. 정치인들과 은행가에 종사하는 반대파들의 반발이 극심해 공개적으로 불태워지는 수난을 겪기도 했습니다. 심지어「노래 중의 노래」(Song of songs)라는 또 다른 저작과 함께 루이 14세에게 이단성 시비로 제출되어 유죄 선고를 받고 바스티유 감옥에 갇히기도 합니다.

하지만 이 책을 긍정적으로 여기는 사람들이 훨씬 많았습니다. 한 가지 예로, 당시 디종(Dijon) 지역에 가톨릭 사제들이 집집마다 방문하여 이 책을 압수한 일이 있었는데 그렇게 모인 책이 무려 300여 권이나 되었다고 합니다. 1700년대에 한 지역에서 특정한 책이 그렇게나 많이 발견된 것은 참으로 놀라운 일입니다. 당시 디종 지역은 이 책을 통해 성령의 역사가 강하게 일어나던 곳이었습니다. 또 어느 프랑스인이 이 책을 1500권이나 구입해서 자신이 살고 있는 지역에 보급했는데 그 지역에서 놀라운 영적 부흥이 일어났다고 합니다. 이 외에도 잔느 귀용에게 영향을 받은 인물과 역사적 사건은 수도 없이 많습니다.

사실 프랑스어로 처음 집필된 초고는 해독 불가 수준으로 아주 어려웠습니다. 애매모호하고 복잡한 문장 때문에 독자들이 읽다가 중간에 혀를 내두를 정도였습니다. 결국은 절판되고 맙니다. 이 책은 50년 가까이 조악한 형태로 일부 사람들에게 읽혀졌을 뿐 많은 사람들의 기억 속에서 잊혀진 채 지냈습니다.

그 후로 수차례의 개정작업을 통해 지금의 형태로 자리잡게 됩니다. 문장들이 바뀌었다고 염려할 필요는 없습니다. 바꾸지 않으면 다시 발간한다 해도 대중들에게 제대로 읽힐 수 없을 테니까요. 이렇듯 위대한 저작들 중 그리스도인의 체험을 다룬 것들은 대개 난해하고 모호한 언어 때문에 독자들로부터 외면당해 왔으니 참으로 애석합니다.

그럼에도 불구하고 이 책은 지금까지도 현대 독자들의 관심과 사랑 속에 읽히고 있습니다. 300년 동안 저술된 책들 가운데 가장 많은 사람들에게 영감을 불어넣어주었으며 아직까지도 그 영향력은 굉장합니다.

그러니 이 책에서 소개하는 독특한 기도를 실제로 따라해보시고 여기에 담긴 놀라운 영적 원리를 직접 깨닫고 경험해보시길 당부 바랍니다.

끝으로 잔느 귀용의 기도로 글을 마무리 하겠습니다.

오 거룩한 예수님,
당신만이 순전하고 죄 없으신 단 한 분입니다.

이 책을 가치 있게 하시는 분은

오직 예수님 당신뿐입니다.

가장 사랑하는 주님, 이 책을 읽는 이들의 마음에

주님을 향한 갈망을 회복시켜 주옵소서.

당신이 2천 년 전 세상에 와서 누이셨던 구유처럼

사랑의 증거를 얻기 위해 기다립니다.

당신의 증거를 나타내 주옵소서.

당신은 전지전능하신 아들이며 스스로 존재하는 사랑이시며

침묵이자 모든 언어들입니다.

당신을 사랑하고, 기뻐하고, 이해하게 되는 건

모두 주님께 달렸습니다.

주님은 그렇게 하실 수 있습니다.

이 책은 주님만 증언하며 주님으로부터 난,

온전히 주님의 것입니다.

그러니 이 책을 통하여 일하실 것입니다!

part 1

봄,
주님을
만나러 갑니다

A Method of Prayer

01. 깊은 만남으로의 초대

'내가 예수 그리스도를 깊이 만날 수 있을까? 그건 특별한 사람들에게만 일어나는 일 아닐까?'라는 생각을 한 적이 있나요? 실제로 많은 그리스도인들이 이런 생각을 가지고 있습니다. 자신은 주님과 깊이 사귈 만한 자격이 없다는 것이지요. 하지만 구원의 은혜가 모든 사람들에게 열려 있는 것처럼 우리 모두는 그리스도와 깊이 만나는 자리로 초대받았습니다.

그리스도와 깊고 내밀한 관계를 맺는 것은 하나님께 우리의 마음을 드리며 그분 앞에 엎드리는 것을 말합니다. 하나님께 사랑하는 마음을 표현하는 것입니다.

주님은 "내게서 불로 연단한 금을 사서 부요하게 하라"(계 3:18)고 말씀하십니다. 우리도 이 금을 얻을 수 있습니다. 어려운 일이 절대 아닙니다.

목마른 사람은 누구든지 생수의 근원이 되시는 분에게로 오십시오. 마른 땅에서 우물을 파느라 귀한 시간을 허비하지 마십시오(요 7:37, 렘 2:13).

아무리 먹어도 허기진 사람도 이제 그분 앞에 나오십시오. 이제 포만감을 느끼십시오.

가난한 사람도 오십시오.

상처받은 사람도 오십시오.

수치와 고통의 짐을 짊어진 사람도 오십시오. 이제 평안을 누리십시오.

아픈 사람도 망설이지 말고 나오십시오. 주님께 아픈 곳을 보여드리십시오. 아픈 곳이 나을 것입니다!

지금, 나오십시오!

우리는 하나님의 사랑을 입은 자녀입니다. 사랑하는 마음으로 두 팔을 활짝 펴고 기다리는 그분의 품에 푹 안기십시오. 한

구원의 은혜가 모든 사람들에게
열려 있는 것처럼 우리 모두는
그리스도와 깊이 만나는 자리로
초대받았습니다.

때는 길 잃고 헤매는 양이었을지라도 이제 영원한 목자 되신 그분께로 돌아오십시오. 죄로 물든 삶일지라도 구세주 되신 그분께로 돌아오십시오.

주님은 당신을 특별하게 선택하셨습니다. 다른 누구도 아닌 바로 당신과 사귀기 위해서입니다. 그러니 '나는 제외된 사람'이라는 생각은 버리십시오. 예수 그리스도는 우리 모두를 부르셨습니다. 아, 제외된 사람들이 있기는 합니다. 바로 예수님을 만나고 싶은 마음이 없는 이들입니다. 주님께 나오기 위해서는 먼저 주님께 마음을 드려야만 합니다.

'마음을 드린다는 것'은 무슨 뜻일까요? 또 어떻게 해야 마음이라는 선물을 주님께 드릴 수 있을까요?

열쇠는 다름 아닌 기도에 있습니다. 바울은 "쉬지 말고 기도하라"(살전 5:17)고 권면했습니다. 예수님도 제자들에게 "깨어 있으라"(막 13:33, 37)고 거듭 말씀하셨습니다. 기도의 중요성에 대해 말하는 성경 구절은 이밖에도 많이 있습니다. 우리 모두는 사랑에 의지해 살아가는 것처럼 이 같은 체험, 곧 기도에 의지해 살아갑니다.

지금부터 설명하려는 기도는 매우 간단하지만 이 기도를 통해 우리는 하나님의 완전함과 선함을 경험할 수 있습니다. 온갖 죄에서 자유로워지며 그분의 경건한 성품 전부를 잘 알게 될 것입니다.

하나님의 완전함에 이르기 위해선 그분의 임재 가운데 거하는 길밖에는 없습니다. 임재 안에 거하기 위해선 기도하는 가운데 그분과 계속 관계를 맺을 수밖에 없고요. 이 기도는 우리를 하나님의 임재로 이끌어주는 기도라고 할 수 있습니다. 언제 어디서든 어떤 상황에서든 그분과 사귐을 나눌 수 있게 해주는 기도입니다.

그런 기도가 정말 있을까요? 그리스도와 사귐을 나누는 기도라는 것이 진짜 존재할까요?

네, 존재합니다. 그리고 일상생활에서도 그런 기도를 할 수 있습니다. 세계의 지도자들, 목사, 군인, 노동자, 주부, 어린아이, 병원에 입원해 있는 환자 그 누구라도 말입니다.

이 기도는 머리로 하는 게 아닙니다. 지성이나 생각으로 하는 것도 아닙니다. 그것은 마음에서 시작됩니다. 사람의 지성이나 이성에는 한계가 있어 한순간에 하나에만 집중할 수 있습니다. 하지만 마음으로 기도를 드린다면 생각에 방해를 받지 않을 것입니다. 아, 방해거리가 하나 있긴 합니다. 이기적인 욕망이 있으면 기도가 자꾸 끊길 것입니다. 하지만 다행스럽게도 하나님을 알고 그분의 달콤한 사랑을 맛본 사람이면 이러한 욕망에 휘둘리지 않을 것입니다. 주님과의 사귐 외에는 어디에서도 그같은 기쁨을 찾을 수 없다는 사실을 알 테니까요. 그러므로 이 '단순한 기도'를 방해할 것은 아무것도 없습니다.

그리고 또 한 가지, 스스로를 늦되고 이해력이 떨어지며 영적인 것과는 거리가 멀다고 여겨 지레 물러나 있는 분들에겐 이렇게 말씀드리고 싶습니다. "예수 그리스도로부터 기쁨을 얻는 것이 세상에서 가장 쉬운 일"이라고요. 나보다 더 내 곁에 가까이 와 계신 분이 주님입니다. 주님은 우리가 주님을 찾는 것보다 더 간절하게 우리를 찾고 계십니다.

그렇다면 '단순한 기도'를 배울 마음의 준비가 되셨나요? 시작은 이렇습니다. 우선 예수 그리스도를 찾는 법부터 배워야 합니다. 일단 그 방법을 배우고 나면 숨쉬는 것보다 더 자연스럽게 하나님을 의지하며 살아가게 될 것입니다. 진실로 이렇게 살아갈 수 있다면 기도하지 않고 살아가는 것은 죄가 아닐까요?

예수 그리스도를 찾고 한번 교제를 누려본 사람은 그 후로는 주님과 사귀는 시간을 쉽게 이어갈 수 있습니다. 이제 '단순한 기도'의 장으로 함께 가 봅시다.

02. 한 걸음 내디뎌 보세요

　이제 막 하나님을 알아가기 시작하는 사람이라면 어떻게 주님께 가까이 갈 수 있을까요? 우선 '성경으로 기도하기'와 '주님 바라보기' 혹은 '주님 앞에서 잠잠하게 머물기', 이 두 가지 방법을 소개하고 싶습니다.
　'성경으로 기도하기'는 성경을 대하는 특별한 방법입니다. 여기에는 읽고 기도하는 두 가지 행위가 모두 포함됩니다. 그러면 이 기도를 어떻게 시작하면 좋을까요?

　우선 성경을 펼칩니다. 간단하면서도 실제로 마음에 와 닿는 성경구절들을 고르십시오. 마음에 와 닿는 말씀을 찾기 전에 다음 절로 서둘러 넘어가지 마십시오. 그런 다음 주님 앞에 나아와 잠잠하고 겸손한 마음으로 말씀을 읽으십시오.

주님께 가까이 가기 위해 성경으로 기도할 때에는 서두를 필요가 없습니다. 마음을 가라앉히고 집중하면서 차분히 묵상하십시오. 맛있는 음식을 먹을 때 혀끝으로 조금씩 음미하거나 꼭꼭 잘 씹어서 삼키는 것처럼 말입니다. 읽다가 감동되는 구절이 있으면 이 말씀을 기도로 올려드리십시오.

짧은 시간 내에 되도록 말씀을 많이 읽으려다보니 습관적으로 성경을 빠르게 훑듯 읽는 사람들이 많은 것 같습니다. 하지만 성경은 빨리 읽는 것이 전부가 아닙니다. 진도를 나가는 데 연연해하는 것은 꿀벌이 꽃 주변을 맴돌기만 하다가 정작 꿀은 맛보지 못하는 것과 같습니다. 반면 '성경으로 기도하기'란 꽃봉오리 깊은 곳으로 들어가 꿀을 빨아들이는 것입니다.

감동되는 말씀을 가지고 충분히 기도했다면 다시 마음을 가다듬고 평온하게 다음 절을 읽으십시오. 이런 식으로 주님을 만나다보면 성경 한 장을 다 읽을 시간에 한 절밖에 읽지 못할 수

성경에서 보다 깊고 내적으로
소중한 것을 얻으려면 주님의 계시가
그윽한 향처럼 터져 나올 때까지
말씀을 하나하나 깊이 들여다보십시오.

도 있습니다. 하지만 '성경으로 기도하기'에서는 성경을 얼마나 많이 읽었느냐가 아니라 '어떻게' 읽었느냐가 중요합니다.

물론 학식을 쌓으려는 목적으로 성경을 읽는 것은 하나님을 알아가는 일과는 전혀 다른 것입니다. 성경에서 보다 깊고 내적으로 소중한 것을 얻으려면 이런 식으로 읽으십시오. 주님의 계시가 그윽한 향처럼 터져 나올 때까지 말씀을 하나하나 깊이 들여다보십시오. 이렇게 기도한다면 분명 내면의 존재에서 흘러나오는 강렬하고 풍성한 기도를 체험할 수 있을 것입니다.

앞에서 '주님 바라보기' 혹은 '주님 앞에서 잠잠하게 머물기'라고 표현했던 두 번째 기도에 대해 살펴보겠습니다.

첫 번째 유형의 기도에서는 성경 말씀이 주님에 대해 어떻게 말하고 있는가에 집중했다면, 두 번째 기도에서는 성경을 직접 읽는 것이 아니라 주님의 임재를 느끼기 위해 성경을 통하는 것입니다.

임재를 경험하기 위해서는 시간을 따로 마련해야 합니다. 주님을 기다리다보면 어려움을 겪기도 합니다. 왜냐하면 인간의 생각은 주님을 벗어나려는 경향이 있기 때문입니다. 그러므로 임재 가운데 머물기 위해서는 성경을 사용해 우리의 생각을 잠잠하게 다스릴 필요가 있습니다.

방법은 이렇습니다. 먼저 성경을 한 구절 읽으십시오. 읽으면서 주님의 임재를 느꼈다면 말씀은 자기 할 일을 다한 것입니다. 생각을 잠잠하게 하고 주님께 인도해주었으니까요.

이해를 돕기 위해 좀 더 구체적으로 설명해보겠습니다. 우선, 주님과 함께할 시간을 따로 떼놓으십시오. 믿음을 가지고서 주님 앞에 잠잠히 나아가 임재하심에 마음을 쏟아놓으십시오. 믿음이 있으면 내가 하나님의 임재 가운데 들어와 있음을 확신할 수 있습니다.

하나님의 임재 안에 들어왔다면 이제 그분 앞에서 성경을 읽으십시오. 읽다가 잠시 멈추기도 해야 합니다. 이렇게 멈추는 것은 내면 깊은 곳에 계신 그리스도에게 마음을 고정하기 위한 것이므로 아주 부드럽고 잔잔하게 해야 합니다.

성경 말씀을 읽는 것은 머리로 이해하기 위함이 아니라 바깥으로 향해 있던 마음을 안으로 돌리기 위함이라는 사실을 기억하십시오. 단순히 말씀을 읽고 배우기 위해서가 아니라 주님의 임재를 느끼기 위해서입니다.

주님 앞에 머무는 동안 마음은 온통 주님의 임재에 붙들려 있어야 합니다. 이것 역시 믿음으로 가능합니다. 우리는 믿음으로 주님의 임재에 마음을 계속 쏟을 수 있습니다. 이제 그리스도 앞에 잠잠히 머물면서 모든 의식을 영혼에 집중시키십시오. 생각이 여기저기 흩어지도록 내버려두지 마십시오. 산만해지려고 할 때마다 의식적으로라도 존재 깊은 곳으로 생각을 모으십시오. 생각을 산만하게 만드는 온갖 방해거리에서 벗어나야 하나님께 더 가까이 다가갈 수 있습니다.

주님은 오직 우리 영혼 안에 계십니다. 우리 내면 깊숙한 곳, 영혼의 쉼터가 바로 그분이 거하시는 지성소입니다. 주님은 "우리의 내면을 거처로 삼겠다"(요 14:23)고 약속하셨습니다. 주님을 경배하고 그 뜻을 행하는 사람들을 바로 그곳에서 만나겠다고 말씀하셨습니다. 그러므로 주님은 영혼 안에서 우리를 만나주실 것입니다.

어거스틴은 한때 영혼 밖에서 주님을 찾다가 많은 시간을 허비한 적이 있다고 고백했습니다.

일단 마음을 영혼 안으로 돌려 주님을 찾는다면 그분의 임재를 느끼게 될 것입니다. 외부 감각들이 무뎌지고 잠잠해질수록 임재를 한층 강렬하게 느끼게 될 것입니다. 외부에 관심을 기울이거나 잡념에 휘말리지 않고 잠잠하게 마음을 지킨다면 성경 말씀에 빨려들어 주님의 임재 속으로 깊이 들어갈 것입니다.

이런 기도는 단순히 말씀을 읽고 생각하는 차원을 넘어 말씀을 '섭취하는 것'입니다. 주님을 사랑하는 마음으로 그분 앞에 생각을 잠잠히 내려놓으려면 의지가 필요합니다.

의지적으로 생각을 가라앉히고 맛본 것을 삼키십시오. 맛본 것을 삼킨다는 게 무슨 뜻인지 얼핏 이해하기 어렵겠지만 최대한 쉽게 설명해보겠습니다. 지금 고소한 음식 냄새가 나서 입에 침이 고입니다. 하지만 아무리 코에 힘을 주고 냄새를 들이켜도 음식을 실제로 삼키지 않는 한 우리 몸은 어떠한 영양소도 흡수하지 못합니다. 영혼도 마찬가지입니다. 평화롭고 잠잠하며 맑은 상태에서 영혼의 영양분을 삼키십시오.

그럼에도 여전히 생각을 산만하게 만드는 것들이 있을 것입니다. 주님의 영이 세심하게 어루만져주시는데도 생각이 산만하다면 그것들을 주님께로 돌리도록 애쓰십시오. 생각을 주님께로 돌리는 것, 이것이 산만해진 생각을 다스리는 가장 쉬운 방법입니다.

단, 주의할 점이 있습니다. 산만한 생각을 다스린다고 아예 생각의 물줄기를 바꾸려고 애쓰지는 마십시오. 경험해보았겠지만 머릿속에 가득한 문제에 골몰할수록 마음이 정리되기는커녕 오히려 더 복잡해집니다. 생각들을 의식하지 말고 주님의 임재 쪽으로 돌이키십시오. 그래야 산만한 생각들에 휘둘리지 않고 그것들을 다스릴 수 있습니다.

다음 장으로 넘어가기 전에 '하나님의 계시'에 관해 잠시 얘기하고 싶습니다. 예전에는 집중하지 않고 성경 말씀을 훑듯 읽었을지라도 이제는 말씀을 마음 한복판에 새겨야 합니다. 그래야 하나님의 계시에 숨어 있는 신비를 한껏 이해하고 누릴 수 있습니다. 계시를 마음에 새긴다는 것은 주님의 임재가 느껴지는 한 계속 계시의 말씀을 붙들며 임재 안에 머무는 것을 말합니다. 서두르지 않고 주님이 곁에 계신다고 느껴진다면 그대로 그 말씀에 머물러 있는 것입니다.

이렇게 해보면 마음 다스리기가 생각만큼 쉽지 않다는 걸 느낄 것입니다. 왜일까요? 수년, 수십 년 동안 생각이 가면 가는 대로 마음껏 풀어놓으며 내버려둔 게 습관이 돼버렸기 때문입니다. 마음을 다스리는 데도 훈련이 꼭 필요합니다.

매일 조금씩 영혼을 내면으로 이끄십시오. 처음엔 그 과정이 다소 생소하고 어렵게 느껴지겠지만 차츰 수월해질 것입니다. 그렇게 확신하는 이유는 훈련을 거듭할수록 내면 깊은 곳을 지향하는 새로운 습관이 생기기 때문입니다. 그리고 우리 곁에 계신 주님은 은혜로운 분이십니다. 주님의 은혜로 우리의 마음은 충분히 변화될 수 있습니다.

주님은 무엇을 가장 바라실까요?

바로 우리에게 당신을 드러내 보이기 원하십니다. 우리에게 넘치는 은혜를 베푸사 우리가 주님을 보게 되기 바라십니다. 주님의 임재 가운데 거하는 것이 얼마나 감격스럽고 기쁜 일인지도 알려주실 겁니다. 그분의 손길이 와 닿을 때 우리는 세상 무엇에도 비할 수 없는 감미로움을 느끼며 주님께 마음이 끌리게 됩니다.

03. 예수님을 읽으세요

글을 읽을 줄 모른다면, 이른바 배움이 적다면 그리스도를 알아가는 일에 다른 그리스도인들보다 불리한 처지에 있는 것일까요? 하나님과 사귐을 나누는 데 필요한 자격을 갖지 못한 것일까요?

그렇지 않습니다. 그런 사람이야말로 진정 축복받은 사람입니다. 왜냐하면 글 대신 기도로 그리스도를 읽을 수 있기 때문입니다. 가장 위대한 책은 예수 그리스도 그분의 삶 자체라는 것을 아시는지. 예수님께서 우리에게 모든 것을 가르쳐주십니다. 그분을 읽으십시오!

 먼저 "하나님의 나라가 내 안에 있다"(눅 17:21)는 사실을 기억하십시오.

바깥에서 찾으려고 하지 마십시오. 하나님의 나라가 내 안에 있음을 깨달았다면 이제 주님께로 나오면 됩니다. 그분을 사랑하고 예배하는 마음을 깊이 간직하며 조용히 나오십시오. 주님께로 나올 때는 주님이 모든 것 되신다는 사실을 겸손하게 인정하고 나는 아무것도 아님을 고백해야 합니다.

주변의 모든 것들에 눈을 감으십시오. 그런 다음 영혼의 눈을 떠서 자신의 마음을 바라보십시오. 내면 깊숙한 곳의 존재에 관심을 온통 기울이기 바랍니다. 하나님께서 우리 안에 거하신다는 사실을 믿기만 하면 됩니다. 오직 이 믿음만이 우리를 하나님의 임재로 이끌어줄 것입니다. 이곳저곳으로 떠돌아다니지 않게 생각을 최대한 다스리십시오.

주님의 임재로 들어왔다면 이제는 잠잠하고 고요하게 그분 앞에 머물러야 합니다. 주님과 함께하는 그곳에서 주기도문을 반복하십시오.

"하늘에 계신 우리 아버지"라고 말문을 여십시오.

'아버지'라고 부를 때 그 말이 지니고 있는 의미가 마음 깊은 곳에 와 닿을 것입니다. 우리 안에 계신 하나님께서 참으로 간절하게 우리의 아버지가 되길 원하신다는 사실을 믿으십시오. 어린아이가 아빠에게 마음을 쏟아내듯이 주님 앞에 마음을 전부 쏟아놓으십시오. 주님이 우리를 얼마나 사랑하시는지, 또 우리의 이야기를 얼마나 듣기 원하시는지 절대 의심하지 마십시오.

주님의 이름을 부른 후 잠시 침묵하며 그분 앞에 머무르십시오. 가만히… 주님의 마음을 알게 될 때까지 머물러 있으십시오. 넘어지고 다시 넘어져 여기저기 살갗이 긁히고 멍들고 흙투성이가 된 연약한 어린아이처럼 보잘것없고 비참한 심정을 그대로 가지고 겸손히 아버지 앞에 나오십시오.

말없이 머무르며 주님을 기다리는 동안 간간히 사랑을 고백하거나 비통한 마음으로 죄를 고백해도 괜찮습니다. 그리고 다시 침묵하십시오.

가만히 기다리다보면 언제 기도를 이어가야 할지 알 수 있을 것입니다. 그때가 되면 주기도문을 다시 시작하십시오.

"나라가 임하시오며"라고 말하는 것은 영광의 왕이신 주님께 자신을 다스려달라고 요청하는 것입니다.

자신을 하나님의 손에 맡기십시오. 그토록 오랫동안 애썼는데도 번번이 좌절하고 말았던 일들을 주님이 우리 안에서 이루어주시도록 구하는 것입니다. 우리를 다스릴 수 있는 권리가 주님께 있음을 인정하십시오.

주기도문과 사랑 고백, 회개를 반복하다보면 어느 순간 그분 앞에서 잠잠하게 있어야 한다는 영감을 받게 될 것입니다. 영적 영감을 따라 기도했다가 멈추기를 반복하십시오. 우리를 침묵으로 이끄신 분은 주님입니다. 시간이 흘러 이제 잠잠하게 머물러 있기를 멈춰야겠다는 생각이 들면 주기도문의 다음 구절로 넘어가십시오.

"뜻이 하늘에서 이루어진 것같이 땅에서도 이루어지이다."

이는 가난한 마음으로 주님 앞에 나를 내려놓고 주님이 당신의 온전한 뜻을 내 안에서, 나를 통해 이뤄주시기를 간절히 구하는 것입니다. 마음을 주님의 손에 완전히 맡기십시오. 자유 역시 주님의 손에 맡기십시오. 주님이 원하시는 대로 마음껏 우리를 다스리실 수 있도록 주권을 인정해드리고 그 앞에 엎드리십시오.

우리를 향한 하나님의 뜻은 무엇일까요? 바로 자녀들이 하나님을 사랑하는 것입니다. 그러므로 "뜻이 하늘에서 이루어진 것같이 땅에서도 이루어지이다"라고 기도하는 것은 주님을 사랑할 수 있게 도와달라고 기도하는 것과 같습니다. 그러니 주님을 사랑하십시오! 동시에 그분의 사랑을 알게 해달라고 기도하십시오.

지금 얘기하고 있는 기도의 모든 과정은 잔잔하고 감미로우며 평화롭게 이뤄질 것입니다. 그런데 간혹 다른 상황이 벌어질 수 있습니다.

가령 주기도문을 고백하며 주님을 만나기보다는 목자 되신 그분께 직접 나아가고 싶다고 느끼는 것입니다. 그렇다면 주기도문을 멈추고 목자에게 진정한 꼴을 구하는 양 같은 심정으로 그분께 다가가 이렇게 말씀드려보십시오.

사랑 많은 목자 되신 주님, 주님은 양떼를 돌보며 먹이시는 분입니다. 제게 매일의 양식을 주시는 진정한 목자입니다.

모든 필요를 주님께 아뢰는 것은 당연한 일입니다. 그런데 무엇을 구하든지 '하나님이 당신 안에 계신다'는 사실만큼은 꼭 믿으십시오.

우리 중에는 자기 나름의 기도 방식과 의식을 갖고 있는 이도 있을 것입니다. 하지만 익숙한 기존의 방식에 얽매이지 말기 바랍니다. 같은 기도를 반복하거나 특정한 기도문을 암송할 필요가 없습니다. 그냥 앞서 말한 대로 주기도문을 계속 고백한다면 삶에 풍성한 열매를 맺게 될 것입니다.

이제껏 하나님을 어떤 분으로 여겨왔는지는 전혀 중요하지 않습니다. 그분을 어떤 식으로든 정의하려고 하지 마십시오. 상상하려고도 하지 마십시오. 내 곁에 하나님이 계신다는 사실 하나만 믿으면 됩니다.

그분은 우리의 사고에 제한받지 않으며 우리가 생각하지 못한 방식으로 존재합니다. 우리는 다만 가장 깊은 내면에서 영혼

사랑이 많으신 주님, 주님은
양떼를 돌보며 먹이시는 분입니다.
제게 매일의 양식을 주시는
진정한 목자입니다.

의 눈으로 그분을 바라볼 수 있도록 구하면 됩니다.

다음 장으로 넘어가기 전에 주님과 더 깊이 만날 수 있는 방법을 하나 더 살펴보겠습니다. 그것은 주님을 의사로 바라보는 것입니다. 연약하고 병든 부분을 보여드리고 치료를 받으십시오. 조금이라도 의심하거나 불안해해서는 안 됩니다.

기도하며 아픔을 호소하다가 침묵하게 되는 순간이 있을 것입니다. 침묵하며 주님을 기다리는 시간이 길어지면서 기도에 쏟아 붓던 수고가 줄어들 것입니다. 결국 언젠가는 하나님께서 온전히 다스리시는 순간이 오는데, 바로 우리 안에서 일하시는 하나님께 지속적으로 자신을 내드리게 될 것입니다.

하나님과의 관계는 아주 단순하게 시작되었지만 그것이 조금씩 자라면서 어느새 그분과 우리 사이에 매우 생생하고 견고한 유대감이 만들어집니다.

그리고 주님의 임재뿐 아니라 그에 동반되는 침묵과 평화로운 안식을 더불어 사랑하게 될 것입니다. 이는 임재 안에서 누리는 경이로운 기쁨입니다. 이 기쁨을 통해 우리는 더 깊은 차원의 기도로 들어갈 수 있습니다.

그렇다면 더 깊은 차원의 기도란 무엇일까요? 다음 장에서 살펴볼 이 기도 역시 아주 단순해서 그리스도를 믿는 사람이라면 누구나 실천할 수 있습니다.

04. 사랑해서 사랑합니다

 이제 '성경으로 기도하기'와 '주님 바라보기' 혹은 '주님 앞에서 잠잠하게 머물기'에 어느 정도 익숙해졌나요? 지금부터는 이 기도를 통해 실제로 주님과 사귐을 갖는 단계에 이르렀다고 가정하고 이 장을 시작하겠습니다.
 주님을 더 깊이 체험하는 단계, 즉 더 깊은 사귐의 차원으로 들어가는 방법을 살펴보겠습니다. 어떤 이들은 '신뢰와 잠잠함'이라는 말로, 또 어떤 이들은 '단순한 기도'라는 말로 이 단계를 묘사합니다만 저는 나중의 표현이 더 마음에 듭니다.
 '성경으로 기도하기'와 '주님 앞에서 잠잠하게 머물기'가 일상처럼 익숙해졌다면 주님 앞에 나와 임재를 누리는 일도 한결 쉬워졌을 테죠. 다시 한 번 말씀드리지만 저는 그리스도를 처음으로 알아가는 사람들을 위해 이 글을 쓰고 있습니다.

처음에는 자꾸 흐트러지는 생각들을 모아 꾸준히 내면으로 돌이키는 게 무척 어렵겠지만 차츰 이러한 과정이 수월하고 자연스럽게 느껴질 것입니다. 조금 더 지나면 익숙하다 못해 즐겁기까지 할 것입니다. 언젠가는 기쁨에 겨워 주님께 이렇게 외치게 될 것입니다. "주님의 이름에서 향긋한 내음이 납니다"(아 1:3).

그런데 이렇게 효과 좋은 기도를 계속 실천하는 것도 좋지만 이제 방법을 조금 바꿔볼 것을 권합니다. 지금 소개하려는 새로운 방법으로 기도를 하다보면 한두 번쯤 좌절을 느낄 수도 있습니다. 주님을 알아가기 위해 새로운 시도를 할 때 시행착오를 겪는 게 당연하니까요. 이 후로 믿는 마음이 필요합니다. 도중에 결코 실망하지 마십시오. 주님을 더 깊이 만나기 위해 어려움도 감수하겠다는 다짐이 필요합니다.

자, 본격적으로 새로운 차원의 기도에 대해 살펴보겠습니다.

언젠가는 기쁨에 겨워
주님께 이렇게 외치게 될 것입니다.
"주님의 이름에서 향긋한
내음이 납니다"(아 1:3).

우선 믿음을 가지고 주님에게 나오십시오. 주님 앞에서 고요하고 잠잠한 마음이 될 때까지 계속 내면의 영혼에 의식을 집중하십시오. 마침내 모든 생각과 관심이 내면을 향하고 주님께 마음이 집중되었다면 이제 잠시 주님 앞에서 고요하게 머무르십시오.

주님의 임재를 느끼면서 안에서부터 즐거움이 차오르는 것을 느낄 것입니다. 그렇다면 아무것도 생각하지 마십시오. 아무 말도 하지 마십시오! 무언가를 하려고 애쓰지 마십시오. 주님의 임재가 느껴지는 한 계속 그곳에 머물러 있어야 합니다. 당신의 본래 모습 그대로 주님 앞에 말입니다.

그러다 주님의 임재가 희미해진다 싶으면 사랑을 고백하거나 그분의 이름을 조용히 불러보십시오. 주님이 곁에 계신다는 확신을 가지고 나지막하면서도 달콤한 목소리로 불러보십시오.

그러면 주님의 임재에서 누렸던 감미로운 기쁨을 다시금 맛볼 수 있습니다. 조금 전에 경험했던 완전한 기쁨의 장소, 그 감미로운 곳에 또 다시 발을 내딛는 것입니다. 주님의 임재에서 흘러나오는 감미로운 기쁨에 푹 잠긴 채 다시 그분 앞에 고요히 머무르십시오.

주님이 곁에 계시는 게 느껴지면 전혀 움직이지 마십시오.

지금의 상황을 설명하자면, 당신의 내면에 불꽃이 있는데 그것이 잦아들었다 타올랐다 하는 것입니다. 불꽃이 잦아들면 부드럽게, 아주 부드럽게 바람을 일으키고 일단 불길이 살아나면 하던 일을 모두 멈추십시오. 그렇지 않으면 불길이 오히려 사그라들 수 있기 때문입니다.

이것이 바로 그리스도를 보다 깊은 차원에서 만날 수 있는 두 번째 기도 방법입니다.

기도를 마칠 즈음에는 주님 앞에서 잠시 고요하게 머물러 있는 시간을 가지십시오. 다시 한 번 강조하고 싶은 건 언제나 믿음 안에서 기도를 해야 한다는 사실입니다. 기도할 때 믿는 마음만큼 중요한 게 없습니다.

이 장을 마치기 전에 주님을 만나고 싶어 하는 진정한 동기가 무엇인지 묻고 싶습니다. 당신은 어떤 목적으로 주님께 나아가려 합니까? 주님의 임재 가운데 머무는 느낌이 좋아서입니까? 그분과 함께할 때 누릴 수 있는 감미로운 기쁨 때문입니까? 우리는 보다 숭고한 동기를 가질 필요가 있습니다.

순전한 사랑, 아무것도 바라지 않는 순전한 사랑만 품은 채 주님 앞에 나오는 것입니다. 주님을 기쁘게 해드리고 싶다는 간절한 마음, 주님의 뜻을 이뤄드리고 싶다는 갈망 외에는 아무것도 바라지 말고 주님께 나아오십시오.

예를 들어, 종(從)을 떠올려보십시오. 종의 임무는 주인을 잘 보살펴드리는 것입니다. 종이 보상받을 궁리만 하면서 일한다면 진정한 종이라고 할 수 있을까요?

사랑하는 형제자매여, 그러므로 주님에게 나아올 때는 영적 즐거움조차 기대하지 마십시오. 주님을 체험하겠다는 목적조차 내려놓으십시오.

그렇다면 무슨 마음을 품어야 할까요? 주님을 기쁘게 해드리고 싶다는 마음, 그것 하나면 충분합니다.

주님의 임재 가운데 머무는 동안 주님이 축복을 풍성히 부어주신다면 그대로 받으십시오. 혹시 마음이 흐트러지거나 기도하는 데 어려움이 생기더라도 그 상황을 그대로 받아들이십시오. 주님이 주시는 것은 무엇이든 기쁘게 받아야 합니다. 어떤 일이 일어나든 그것은 주님이 우리에게 주고자 하시는 것임을 믿으십시오.

이러한 믿음을 가지고 주님 앞에 나온다면 어떠한 상황에서도 영혼의 평화를 누릴 수 있습니다. 또 주님의 임재가 좀처럼 느껴지지 않더라도 당황하지 않을 수 있습니다. 영적으로 충만하든 메마르든 더 이상 상관하지 않게 됩니다.

왜일까요? 주님의 선물을 받거나 임재의 감미로움을 느끼기 위해서가 아니라 오직 주님을 사랑해서 사랑하는 법을 배우게 되기 때문입니다.

part 2

여름,
목마른 날들을
지나며

 *A Method of Prayer*

05. 메마른 길을 지날 때

앞서 말한 대로 영적인 체험을 하고 있다면 조만간 메마른 길도 만나게 될 것입니다. 영적으로 메마른 시간에 관해서는 좀 더 자세하게 설명하는 편이 좋겠습니다.

하나님께서 우리에게 바라시는 것이 하나 있습니다. 그게 무엇인지 모른다면 영적 메마름이 무엇인지 전혀 이해할 수 없습니다. 하나님께서 바라시는 게 무엇일까요? 하나님은 하나님을 간절하게 찾고 사랑하는 영혼들에게 자신을 내주기 원하십니다.

하지만 주님은 이따금 우리에게 모습을 감추기도 하십니다. 왜 그러실까요?

우리는 주님의 방법을 알아야 합니다. 주님이 때때로 자신의 모습을 감추는 데에는 분명한 목적이 있습니다. 바로 우리를 영적 게으름에서 일깨우기 위함입니다.

보이지 않아도 한결같이 주님을 찾고 사랑하는 그리스도인들을 예수님은 찾고 계십니다. 그처럼 신실한 영혼을 발견할 때마다 자신의 모습을 드러내사 믿음에 상응하는 상을 베푸십니다. 주님의 한없이 선한 성품을 보여주며 감미로운 사랑의 속삭임을 들려주십니다.

여기서 반드시 알아야 할 사실이 있습니다. 때때로 우리는 영적으로 목마를 것이며 이 역시 주님이 쓰시는 방법 중 하나라는 점입니다. 영적으로 메마른 시기를 겪게 된다는 사실 자체가 중요하지 않습니다. 중요한 것은 이 시기에 '무엇을 할 것인가' 입니다.

영적으로 메마른 시기에 우리 안에서 어떤 일이 자연스레 일어나는지 살펴봅시다. 내가 주님을 얼마나 사랑하는지 증명해 보이려고 무던히 애쓸 테지요. 아니면 주님께 한결같은 충성심을 보여주려고 어떻게든 노력할지도 모릅니다. 그런 노력을 보

주님은 때때로 자신의 모습을
감추는 하나님입니다.
우리를 영적 게으름에서
일깨우기 위함입니다.

이면 주님이 좀 더 빨리 돌아오실 것이라 자기도 모르게 생각하는 것입니다.

하지만 사랑하는 형제자매여, 제 말을 믿으십시오. 영적으로 메마를 때 주님께 이렇게 반응하지 마시길 바랍니다.

그렇다면 어떻게 해야 하는 걸까요?

인내하는 사랑으로 기다려야 합니다. 자기를 부인하고 낮추는 사랑으로 기다려야 합니다. 설령 주님이 모습을 보여주지 않으시더라도 한결같이 그분 앞에 머물러야 합니다. 주님을 향한 사랑을 간절하고도 잠잠하게 고백하십시오. 경외하는 마음으로 침묵한 채 예배하며 주님과 함께하십시오.

이런 모습으로 기다리는 것이야말로 오로지 주님만 추구하고 있음을 보여드릴 수 있는 길입니다. 주님을 사랑하는 이유가 주님의 임재에서 느낄 수 있는 자기중심적인 기쁨 때문이 아니라는 사실을 보여드리는 것입니다. 나의 중심이 주님을 향한 사랑에 있다는 것을 말입니다.

영적 메마름에 관해 어느 외경은 이렇게 말하고 있습니다.

어둡고 메마른 시기일지라도 조급해하지 말라.
하나님의 위로가 더디고 희미하게 느껴지더라도,
오히려 그분께 가까이 다가가 인내심을 가지고 기다려라.
그럴 때 삶은 점점 더 풍성해지고 새로워지리라.

그렇습니다. 영적으로 메마른 시기를 지날 때 기도하면서 인내하십시오.

그런데 하나님께서 남은 평생 동안 내내 하나님만 기다리라고 한다면 어떻게 하시겠습니까? 그것이 살아가는 동안 당신이 이루어야 할 유일한 사명이라면 말입니다.

그럴 때는 이렇게 하십시오. 겸손한 마음으로, 자족하는 마음으로, 모든 권리와 주장을 내려놓고 주님을 기다리십시오. 앞장에서 설명했던 기도를 실제로 해보십시오. 주님의 임재가 잘 느껴지지 않더라도 그 경험을 기억하며 잠잠하게 주님 앞으로 나오십시오. 처연하리만치 절박한 심정으로, 주님이 돌아오시기를 간절히 소망하는 마음을 가지고 나오십시오.

우리가 이런 마음으로 기다린다면 주님은 분명 굉장히 기뻐하실 것입니다. 그 기쁨을 이기지 못해 우리가 다른 식으로 주님께 반응할 때와는 비교도 안 되게 곧 돌아오실 것입니다.

06. 나를 포기합니다

　지금까지 예수 그리스도를 깊이 아는 법에 대해 얘기했습니다. 첫 출발은 아주 간단했습니다. '성경으로 기도하기'와 '주님 바라보기' 혹은 '주님 앞에서 잠잠하게 머물기'였지요. 이처럼 단순한 방법을 오랫동안 훈련해왔다면 이제는 주님을 더 깊이 알고 체험하는 단계를 준비해야 합니다. 주님을 더 깊이 만나려면 하루에 한두 번 기도하는 것으로 부족합니다.

　또한 삶 전반에 걸쳐 완전히 새로운 태도를 갖겠다는 결심이 필요합니다. 주님께 훨씬 깊이 나아가려면 전반적인 생활뿐만 아니라 인생관 자체를 통째로 바꿔야 하니까요.

이렇게 되기 위해서는 주님에 대해서와 마찬가지로 자신에 대해서도 새로운 태도를 가져야 합니다. 이러한 태도의 변화는 이제까지와는 또 다르게 훨씬 더 깊은 곳에서 일어나야 합니다. 저는 이것을 '자기포기'라고 부르고 싶습니다.

예수 그리스도를 더 깊이 만나는 자리에 들어가기 위해서는 나의 존재를 하나님께 온전히 내드려야 합니다. 이를테면 크고 작은 인생사들이 모두 하나님의 뜻과 동의 아래 이뤄진다는 사실을 절대적으로 믿어야 합니다. 그 모든 일이 하나님의 손을 거쳤고 나에게 필요한 일이라는 것을 반드시 알아야 합니다.

어떻게 그러한 상태에 이를 수 있는지 앞장에서 이미 살펴보았습니다. 주님의 임재와 영광이 느껴지건 말건, 생각이 산만하건 말건 개의치 않고 매순간을 하나님께서 원하시는 대로 받아들인다면 점차 자신을 내려놓는 데 익숙해질 것입니다. 기분이나 상황이 어떠하든 상관없이 삶의 매순간을 기도로 채우십시오. 그 분량을 점차 늘려 가십시오.

주변의 상황을 믿음의 눈으로 새롭게 바라본다면 매사에 자족하는 마음을 갖게 될 것입니다. 또 살아가면서 맞이하는 일들을 사람이 아니라 하나님의 섭리에서 비롯된 것으로 여기게 됩니다.

하나님 앞에 진심으로 자신을 포기하고 내드리기 원합니까? 그렇다면 '한번 준 것은 돌려받을 수 없다'는 사실을 기억하십시오. 누군가에게 선물한 것은 더 이상 내 것이 아닙니다.

사실 주님을 깊이 아는 것은 어떤 방법의 문제가 아니라 평생에 걸쳐 몸에 익히는 태도의 문제입니다. 그리스도에게 구속(救贖) 받고 그분의 소유가 되는 문제입니다.

주님을 알아가는 과정에서 가장 중요한 것은 자기포기입니다. 자기포기야말로 깊이를 가늠할 수 없는 영혼의 내면으로 들어가는 열쇠이자 주님이 계신 안뜰로 들어가는 열쇠입니다.

주님 앞에서 자신을 완전히 포기하고 내드리는 사람은 결국 완전함에 이릅니다. 여기서 의미하는 완전함은 죄 없는 완전함을 말하는 게 아니라 어떤 상황에서든 하나님의 뜻을 구하고 그분과 온전하게 연합하여 살아가고자 하는 의지를 뜻합니다.

일단 자신을 완전히 포기하는 단계에 이르렀다면 그 상태를 지속적으로 유지해야 합니다. 잠시 포기하는 것으로는 큰 의미

자기포기야말로 깊이를 가늠할 수 없는
영혼의 내면으로 들어가는 열쇠이자
주님이 계신 안뜰로 들어가는 열쇠입니다.

가 없습니다. 그 단계에 이르는 것과 그 상태를 유지하는 것은 전혀 다른 문제이니까요.

자신을 포기할 필요가 없다는 변명은 아예 듣지도 마십시오. 자신을 합리화하기 위해 슬그머니 구실을 대는 게 인간의 당연한 본성입니다. 그럼에도 주님 앞에서 나를 철저히 포기하고 영원토록 은혜로운 주님의 자리에 머물 수 있음을 믿어야 합니다. "바랄 수 없는 중에 바라도록"(롬 4:18) 하나님께서 우리를 이끄실 것입니다.

위대한 믿음은 위대한 자기포기로 이어집니다.

자기포기가 무엇입니까? 그 의미를 진정으로 이해한다면 자신을 포기하기가 한결 수월해질 것입니다. 나를 포기한다는 것은 모든 염려를 벗어던진다는 의미입니다. 또 나의 필요와 욕구도 내려놓는 것입니다. 영적인 욕구와 필요까지 전부, 영원히 내려놓는 것입니다.

그리스도인이라면 누구나 영적인 갈망을 품고 있습니다. 하지만 주님 앞에서 자신을 온전히 포기한 사람은 영적 필요를 느끼는 것조차 사치로 여기고 하나님께서 당신의 뜻대로 자신을 다스려주시기를 바라게 됩니다. 자기포기가 모든 그리스도인들에게 주시는 하나님의 권고라는 걸 아시는지요.

주님은 "무엇을 먹을까 무엇을 마실까 무엇을 입을까 하지 말라… 너희 하늘 아버지께서 이 모든 것이 너희에게 있어야 할 줄을 아시느니라"(마 6:32, 34)고 말씀하셨습니다.

또 성경에는 "범사에 그를 인정하라 그리하면 네 길을 지도하시리라"(잠 3:6), "너의 행사를 여호와께 맡기라 그리하면 네가 경영하는 것이 이루어지리라"(잠 16:3)고 기록되어 있습니다.

시편 기자 역시 "네 길을 여호와께 맡기라 그를 의지하면 그가 이루신다"(시 37:5)고 고백했습니다.

진정한 자기포기는 두 가지 영역에서 이루어져야 합니다.

첫째, 삶의 외적인 영역, 즉 실제 생활 속에서 자신을 포기할 줄 알아야 합니다.

둘째, 내면에 있는 모든 것, 즉 영적 영역에서도 자신을 내려놓을 줄 알아야 합니다.

주님께 나아가 모든 관심사를 내려놓고 그분의 섭리에 맡기십시오. 그럴 때라야 자신을 잊고 오로지 주님만 생각하게 될 것입니다. 이러한 자기포기 훈련을 오랫동안 지속했을 때 어느 것에도 얽매이지 않고 자유와 평안을 누리게 될 것입니다!

이 훈련은 매일, 매시간, 매순간 실시해야 합니다. 하나님의 뜻 안에서 자신의 의지를 매순간 끊임없이 내려놓는 것입니다. 하나님의 깊은 뜻 안으로 나의 의지를 던져버려서 완전히 사라지게 해야 합니다.

그렇다면 훈련을 어떻게 시작해야 할까요? 이렇게 시작해보십시오. 내면에서 아무리 선하고 유익한 것이라도 어떤 갈망이 솟구칠 때마다 모두 거절하십시오.

자기포기는 자신에 대해 철저히 무관심한 단계에 이르는 것입니다. 자신에 대한 관심을 끊임없이 버릴 때 분명 아주 놀라운 일을 체험하게 될 것입니다. 여기서 놀라운 일이란 우리가 자기 의지라는 속박에서 완전히 벗어나 하나님의 뜻에 자유로이 참예하게 되는 것을 말합니다. 그것은 우리가 주님이 영원 전부터 원하셨던 것만 소망하게 된다는 의미입니다!

주님이 원하시는 일이라면 그것이 무엇이든, 어디에서 비롯되었든, 앞으로 어떤 영향을 줄 것이든 관계없이 바로 복종하십시오. 그것이 자기포기입니다.

포기는 무엇일까요? 포기란 과거를 잊어버리고 미래를 하나님의 손에 맡겨드리는 것입니다. 현재를 전적으로 주님께 드리는 것입니다. 또한 어떠한 상황에서든 매순간 자족하는 것입니다. 매순간이 우리를 향한 하나님의 뜻이 강력하게, 절대적으로 선포되는 시간, 하나님의 계획이 담긴 순간임을 알아야 합니다.

명심하십시오. 어떤 일에서든 사람을 탓해서는 안 됩니다. 그 일은 사람이나 환경에서 비롯된 게 아니기 때문입니다. 죄된 본성을 제외하고는 모든 것들이 주님에게서 온 것임을 받아들이십시오. 주님이 우리의 삶에서 행하시는 일뿐 아니라 그 일들에 대한 반응까지 주님께 맡기십시오.

예수 그리스도를 진정으로 깊이 알기 원합니까? 주님을 깊이 아는 단계로 들어가려면 기도뿐 아니라 삶의 모든 영역에서 진정 자신을 포기할 줄 알아야 합니다. 하루 24시간 동안 주님께 자신을 전적으로 맡기는 단계에 이르도록 그분과의 관계를 넓혀가는 것입니다. 주님이 거룩한 뜻을 따라 당신을 인도하시도록 스스로를 내려놓으십시오.

주님을 체험하는 내면생활에서든, 외부의 모든 상황을 주님으로부터 온 것으로 받아들이는 외면생활에서든 주님이 기뻐하시는 대로 일하십시오. 바로 지금부터 그렇게 하십시오!

07. 십자가를 집니다

 자기포기에 대해서 계속 이야기하고 싶지만 이 장에서는 인생에 환란이 닥쳐올 때 자신을 구별해 드린다는 것이 무슨 일이고 어떤 결과를 가져오는지 살펴보겠습니다.

 우리는 하나님께서 허락하신 모든 고난을 참고 견뎌야 합니다. 주님을 향한 사랑이 참되고 순전하다면 다볼 산에서와 마찬가지로 갈보리에서도 똑같이 주님을 사랑해야 합니다. 예수님은 영화로운 모습으로 변화되었던 다볼 산에서뿐만 아니라 십자가에 못 박혀 처형된 갈보리 언덕에서도 하나님 아버지를 변함없이 사랑하셨습니다. 우리도 그래야 합니다. 갈보리야말로

주님의 위대한 사랑이 가장 크게 드러난 곳
이니까요.

우리는 자기를 포기하는 과정에서 실수를 범하기도 합니다. 주님께 나를 내드리기만 하면 늘 주님이 나를 어루만지고 사랑하며 영적으로 축복해주실 거라고 기대하는 것입니다.

혹시 주님께 축복과 사랑을 받기 위해 자기포기를 한 것은 아닌가요?

축복이나 사랑과 상관없어 보이는 십자가를 져야 하는 상황이 되었다고 해서 이미 주님께 내드렸던 '나'를 도로 찾아올 수는 없습니다.

십자가 위에서는 아무도 당신을 위로하지 않을 것입니다. 그곳에는 오직 주님이 베푸시는 위로만 있습니다.

우리는 십자가 사랑하기를 배워야 합니다. 십자가를 사랑하지 않는 사람은 하나님의 일을 사랑하지 않는 사람입니다(마 16:23). 십자가를 사랑하지 않고서 주님을 사랑한다는 것은 있을 수 없는 일입니다.

고통을 겪으면서 비로소
고난의 참뜻을 알아가는 것입니다.
우리 주님이 가장 가혹한 십자가의 아픔을
선택하셨다는 사실을 기억하십시오.

십자가를 사랑하는 사람은 인생길에서 아무리 비통하고 처절한 일을 겪더라도 그것을 기쁘게 받아들입니다. "주린 자에게는 쓴 것도 달게 느껴진다"(잠 27:7)라고 성경은 말합니다.

하나님을 얼마나 간절히 구하고 있나요? 십자가를 갈망하는 만큼 하나님을 갈망하며 그분을 찾게 될 것입니다.

하나님은 우리에게 십자가를 주시고 십자가는 우리에게 하나님을 줍니다. 이것이 예수님도 거부하지 않고 순전히 받아들이신 참된 영적 원리입니다.

이제 우리는 하루 중 얼마간 시간을 정해 기도하는 차원을 넘어 삶 전체에서 주님을 체험하는 단계로 들어가고 있습니다. 기억하십시오. 삶 속에서 십자가를 진정으로 알아가고 체험한다면 분명 영적 진보를 이룰 것입니다. 십자가를 체험하는 것과 그리스도에게 자신을 온전히 내드리는 것은 동시에 이루어지는 일입니다.

그렇다면 고난을 어떻게 받아들여야 할까요? 다시 말해, 주님이 주신 십자가에 어떻게 반응해야 할까요?

고난을 당하면 어떻게든 피하려는 게 인지상정이지만 그러한 순간에도 자신을 하나님께 맡기십시오. 그 문제를 받아들이십시오. 자신을 희생 제물로 완전히 내드리십시오.

막상 그렇게 할 경우 매우 놀라운 사실을 깨닫게 될 것입니다. 애초에 두려워했던 것처럼 십자가가 짐스럽게 느껴지지 않게 됩니다. 십자가를 하나님께서 허락하고 주신 것으로 받아들일 때 우리는 어떤 십자가든 훨씬 가볍게 감당할 수 있습니다.

이러한 태도를 가질 때 왜 십자가가 훨씬 가벼워질까요? 우리가 십자가를 사모하게 되면 주님이 주시는 것은 무엇이든 기꺼이 받는 일에 익숙해지기 때문입니다.

저는 지금 십자가를 피하는 법에 관해 말하고 있는 게 아닙니다. 자신을 완전히 주님께 내드리고 고난을 기꺼이 받아들이더라도 십자가의 무게는 반드시 느낄 수밖에 없습니다.

십자가 없는 고난이란 있을 수 없습니다. 고통과 고난은 떼려야 뗄 수 없는 관계입니다. 십자가를 진 사람은 고통을 느끼게 마련이고 고통 없는 십자가는 존재하지 않습니다. 고통은 십자가의 본질 중 하나입니다. 고통을 겪으면서 비로소 고난의 참 뜻을 알아가는 것입니다. 우리 주님이 가장 가혹한 십자가의 아품을 선택하셨다는 사실을 기억하십시오.

    우리는 강건한 상태에서건 연약하고 위태로운 상태에서건 십자가를 짊어질 수 있습니다. 중요한 것은 어떤 상황에든 십자가를 져야 한다는 것입니다! 십자가는 하나님의 뜻 안에서 감당하는 것이므로 우리가 어떤 상태에 있느냐는 중요하지 않습니다.

08. 예수의 흔적을 지닙니다

자기포기라는 문제를 계속 살펴보겠습니다. 어떤 사람은 이렇게 물을 것입니다. "자신을 주님께 완전히 내드린다면 예수 그리스도에 관한 계시를 더 이상 받지 못하게 되나요?"

아닙니다. 오히려 자기포기는 주님이 우리에게 무언가를 계시하시기 위한 수단으로 사용됩니다. 자기포기를 통해 얻는 계시는 지식이 아니라 실재(實在)로 임합니다. 이런 일은 오직 자기포기를 통해서만 가능합니다.

나를 누구에게 내드리고 있는지 기억해야 합니다. 우리가 순복하는 대상이자 유일한 길로 따르는 분은 바로 예수 그리스도입니다. 요한복음 14장 6절에 나온 것처럼 예수님이야말로 길이요 진리요 생명이며 그분으로 말미암지 않고는 하나님 아버지께 나아갈 자가 없습니다. 예수 그리스도를 유일한 길로 여기며 따를 때 주님의 말씀을 진리로 여기게 되고 주님께 생명을 얻습니다.

계시가 임하면 무슨 일이 일어날까요? 우리의 영혼에 예수 그리스도의 흔적이 찍힐 것입니다. 주님이 우리를 찾아오실 때마다 자신의 거룩한 성품을 남겨놓으실 것이고 따라서 우리에게 예수님의 여러 모습들이 나타나게 됩니다.

각자의 삶을 돌아보면서 예수 그리스도를 체험한 일들을 기억하라는 얘기를 들어보았을 것입니다. 그런데 더 좋은 것은 그 체험들을 '우리 안에 지니는 것' 입니다.

바울은 바로 그러했던 사람입니다. 바울은 그리스도가 당한 고난을 묵상하거나 그리스도의 몸에 남은 고난의 흔적을 떠올리지 않았습니다. 대신 그리스도의 고난을 몸에 지녔습니다. 갈라디아서 6장 17절에서는 "내가 내 몸에 예수의 흔적을 지니고 있노라"고 말하기도 했습니다. 예수님의 흔적을 곰곰이 떠올려 보았다는 말일까요? 아닙니다. 예수 그리스도가 친히 바울을

주님이 우리를 찾아오실 때마다
자신의 거룩한 성품을 남겨놓으실 것입니다.

찾아가 그분의 흔적을 남겨주셨다는 말입니다.

주님은 모든 상황에서 자신을 전적으로 내드리는 그리스도인을 찾아서 때때로 그에게 주님의 성품을 특별하게 계시하십니다. 이처럼 특별한 기회가 찾아온다면 감사하는 마음으로 계시를 받아들이십시오. 주님이 베푸시는 것은 무엇이든 감사한 마음으로 받아야 합니다.

하나님께서 특별한 계시를 주신다고 할 때 우리는 어떤 자세로 받아야 할까요? 다른 것들을 받을 때와 똑같은 자세로 받으면 됩니다.

그리스도인들 중 어떤 이들은 하나님에게 특별한 계시를 받고 수년 동안 기쁨을 누렸습니다. 다시 말해 주님이 베푸시는 강력한 계시, 곧 한 가지 진리를 경험한 것이 수년에 걸쳐 큰 힘이 될 수 있다는 말입니다.

그 기간에 하나님 안으로 점점 더 이끌리게 됩니다. 매우 놀라운 일입니다. 이끌림이 지속되는 한 특별한 계시를 신실하게 받아들이고 따라야 합니다.

그런데 계시가 희미해지고 기쁨이 차츰 사라질 때는 어떻게 해야 할까요? 당황하거나 낙심하지 마십시오. 하나님께서 계시를 거두는 게 최선이라고 생각하셨다는 뜻이니까요. 그러므로 사라지는 것 또한 자유롭고 담담하게 받아들이십시오. 더 이상 연연해하지 마십시오. 주님이 우리를 보다 깊고 넓은 차원으로 이끌고 싶어 하시는 것입니다. 모든 것을 같은 마음으로 받아들이십시오.

주님의 뜻이라면 언제라도 그 앞에 자신을 내려놓아야 하듯 계시 역시 그러합니다. 언제나 주님 안에 머물면서 온 맘으로 따르려는 소망 외에는 어떤 마음도 품지 마십시오. 자신을 완전히 비워가는 게 무엇을 의미하는지 배우십시오.

빛이건 어두움이건 주님이 베푸시는 것이라면 무엇이든 같은 자세로 받아들이는 법을 배워야 합니다. 풍성함과 곤고함을 같은 것으로 생각할 줄 알아야 합니다. 연약함이나 강건함, 환희와 비통, 유혹이나 산만함, 고통, 피곤, 불확실함, 축복 등 모든 것을 주님으로부터 온 것이라고 생각하며 받아들여야 합니다. 이들 중 어느 하나 때문에라도 걸음을 멈춰서는 안 됩니다.

계시에 대해 한마디만 더 하겠습니다.

주님은 때때로 이해하기 힘든 계시를 주기도 하십니다. 그렇다고 낙심하거나 염려하지 마십시오. 그저 주님을 사랑하십시오. 이 사랑은 주님을 향한 온갖 헌신으로 나타납니다.

하나님 한 분에게 자신을 온전히 내드린 사람은 예수 그리스도가 충만한 성품으로 계시하신 것을 보는 일에 있어 문제될 게 아무것도 없습니다. 계시 중 일부는 분명하게, 일부는 불분명하게 임할 수 있지만 어떤 것을 얼마만큼 보게 되더라도 같은 자세로 받아들이십시오.

하나님을 진정으로 사랑하는 사람은 하나님께 속한 것 모두를 사랑하게 됩니다. 이해할 수 없는 계시를 받아도 기쁠 것입니다. 하나님을 사랑한다면 그분에 관한 모든 것을 사랑하게 됩니다.

09. 하나님을 닮아갑니다

하나님 앞에서 끊임없이 자신을 내려놓는 사람은 결국 어떻게 될까요? 하나님을 닮아가는 삶, 즉 경건함에 이르게 됩니다. 자신을 내려놓고 하나님과 동행하며 사는 사람은 이런 경건함에 보다 쉽게 도달할 것입니다.

경건함이란 무엇일까요? 경건이란 하나님에게서 나오는 것입니다. 단순하게 주님을 체험하는 법을 성실하게 배워간다면 하나님을 소유하게 될 것입니다. 주님의 고유한 성품 또한 상속받게 됩니다. 하나님을 소유할수록 그분을 닮아가는 것, 이것이 바로 경건입니다. '성화'라고도 표현할 수 있습니다.

경건은 반드시 내면에서 우러나와야 합니다. 내면에서 우러나지 않는 경건은 가면에 불과합니다. 겉으로만 드러나는 경건은 걸친 옷처럼 시시각각 변할 수 있지만 내면 깊은 곳에서 흘러나오는 경건은 주님의 본질을 드러내는 영속적이며 진정한 실재입니다.

왕의 딸은 궁중에서 모든 영화를 누리니 그의 옷은 금으로 수 놓았도다(시 45:13).

어떻게 하면 경건에 도달할 수 있을까요?

예나 지금이나 예수 그리스도께 자신을 내려놓을 줄 알고 그렇게 살아가는 사람은 수준 높은 경건을 실천하고 있는 것입니다. 그럼에도 그런 사람은 자신이 특별한 영성을 가지고 있다고 주장하는 법이 없습니다. 영성이 있기 때문이 아니라 하나님과 전적으로 연합한 덕분에 깊은 경건을 실천할 수 있기 때문입니다. 이렇듯 완전한 경건으로 이끌어주시는 분은 바로 주님입니다. 주님은 모든 성도에게 철저히 엎드리도록 하십니다. 또 주님이 아닌 다른 어떤 것으로도 만족이나 기쁨을 얻지 못하게 하십니다.

한편 자기를 포기한다고 해서 그것만으로 경건에 이를 수 있을까요? 아닙니다. 앞서 언급한 모든 것을 성실하게 따라야 비로소 진정한 경건에 도달할 수 있습니다. 고난을 견디는 것 역시 자기포기의 일종이라는 사실을 잊지 마십시오. 고난이라는 불로 연단될 때 우리는 정련된 금 같은 경건의 사람이 될 것입니다.

이런 길을 걷고 싶지 않게 될까 봐 겁내지 마십시오. 이 단계에서는 오히려 굶주린 사람처럼 고난을 갈망하게 됩니다. 주님을 향한 사랑이 불처럼 타오릅니다. 그러한 갈망이 허락된 사람은 엄청난 훈련을 거치고 심지어 극도의 자기부인에 빠집니다.

그러한 사랑의 불길에 휩싸인 그리스도인은 오로지 '주님을 어떻게 하면 기쁘게 해드릴 수 있을까' 골몰합니다. 자신에 대한 관심은 제쳐두고 주님을 사랑하다가 나중에는 아예 자신을 잊어버립니다. 주님을 향한 사랑이 간절해질수록 그만큼 자기중심적인 삶에서 돌아서게 됩니다.

주님이 우리를 이러한 길로 이끌어주시기 기도합니다.

사랑의 불길에 휩싸인 그리스도인은
오로지 '주님을 어떻게 하면
기쁘게 해드릴 수 있을까' 골몰합니다.

이처럼 단순한 기도로 예수 그리스도를 만나는 법을 알 수 있다면 이 땅의 모든 교회들은 쉽게 개혁될 것입니다. 이 기도는 주님과 순전한 관계에 있을 때 이뤄지며 학식이 높은 사람이건 무식하고 아둔한 사람이건 관계없이 누구나 할 수 있습니다. 아주 단순하게 시작된 기도가 결국 주님께 자신을 온전히 드리는 사랑으로 마무리 되는 것입니다.

 우리에게 필요한 것은 사랑뿐입니다.

 어거스틴은 "사랑이 전제된다면 무엇이든 하고 싶은 대로 해도 좋다"라고 말했습니다. 사랑하는 법을 배운 사람이라면 사랑하는 이의 마음을 아프게 하는 일은 하지 않기 때문입니다.

part 3

가을,
깊은 사귐 속으로

 *A Method of Prayer*

10. 내면에 거하세요

주님을 사랑하면 그분이 싫어하는 것은 털끝만큼도 바라지 않게 된다고 얘기했습니다. 자신을 포기할 때 감각과 욕망을 완전히 정복할 수 있다는 얘기입니다. 왜 그럴까요?

이유는 분명합니다. 일단 우리 내면의 각 부분들이 어떻게 작동하는지 알아봅시다. 오감은 어디에서 생명과 활력을 얻을까요? 바로 영혼에서입니다. 감각이 자극받으면 그 감각들이 욕망을 자극합니다.

그렇다면 오감의 자극을 받아 깨어나는 정욕과 욕망을 어떻게 하면 완전히 정복할 수 있을까요?

죽은 육체를 생각해보십시오. 영혼에서 분리된 죽은 육체는 아무것도 느끼지 못하고 욕망하지 못합니다. 앞서 말했듯 영혼이 우리의 감정과 감각에 에너지를 공급하기 때문입니다.

그리스도인들은 욕망을 다스리기 위하여 수많은 방법을 모색해왔는데 가장 흔하게 사용한 것이 절제 훈련과 자기부인입니다. 그러나 아무리 혹독하게 자기부인을 해도 감각은 통제되지 않습니다. 그렇습니다. 자기부인이 문제의 답이 될 수 없습니다.

설령 효과가 있는 것처럼 비치더라도 겉으로 드러나는 욕망의 모습만 바꿔줄 뿐입니다. 외적인 면만 다루면 영혼은 자꾸 내면 밖으로 내몰리고 내몰린 영혼은 결국 중심을 잃고 안식처에서 벗어나게 됩니다. 이런 식으로 되풀이 되면 오히려 처음 추구하던 것과 정반대의 결과를 얻게 됩니다. 안타깝게도 이것은 겉으로 드러나 보이는 모습에만 신경 쓰며 살아가는 그리스도인들에게 자주 나타나는 현상입니다.

겉으로 드러나는 욕망을 관찰하고 생각할수록 욕망은 통제되기는커녕 오히려 왕성해지며 활발하게 살아납니다. 여기서 자기부인이 육체를 약화시킬 수는 있지만 감각을 무디게 만들

수는 없다는 사실을 알 수 있습니다.

그렇다면 도대체 어떻게 해야 할까요?

오감을 다스릴 수 있는 방법이 하나 있습니다. 바로 '내면의 묵상'입니다. '내면의 묵상'이란 영혼을 내면 깊은 곳으로 향하게 하여 그곳에 계신 하나님을 소유하는 것입니다. 이때 영혼의 모든 의식과 에너지는 바깥이 아니라 안쪽, 즉 밖으로 뻗어가는 감각이 아니라 내면에 계신 그리스도를 향해야 합니다. 내면을 향한 영혼은 외적 감각들과 분리되며 그렇게 분리된 감각들은 더 이상 의식의 집중을 받지 못합니다. 더 이상 생명의 공급을 받지 못하니 힘을 잃고 맙니다!

반면 감각에서 분리된 영혼은 내면을 지향하며 하나님의 임재로 다가가는 법을 배웁니다. 영혼은 점점 자아에서 멀어질 것입니다. 결국 내면으로 깊이 빨려 들어가 심령으로 하나님을 추구하게 되며 겉 사람이 매우 약해지는 것을 느낄 것입니다. 어떤 이들은 쓰러지기 직전까지 갑니다.

그렇게 되면 우리의 관심은 온통 예수 그리스도의 임재에만 머물게 됩니다. 우리 안에 계신 하나님을 끊임없이 묵상하는 것만이 주된 관심사가 되는 것입니다. 그리고 자기부인을 통해 육체의 일을 벗어버리려 애쓰지 않아도 하나님의 인도하심 가운데 육체를 자연스럽게 다스릴 수 있게 됩니다. 주님께 철저히 자신을 맡겨드리는 그리스도인은 얼마 안 있어서 자신이 쉬지 않고 만물을 다스리시는 하나님을 붙들고 있음을 깨닫게 됩니다. 주님은 우리 안에서 반드시 죽어야 할 것들을 모두 죽이실 것입니다.

다음으로 해야 할 일은 무엇일까요?

모든 의식을 하나님께 집중하고 부동자세로 그곳에 머물러 있는 것입니다. 모든 일을 친히 완벽하게 이루시는 분은 하나님입니다. 자기부인을 엄격하게 실천할 수 있는 사람은 많지 않지만 내면을 향하며 하나님께 전적으로 자신을 내드리는 것은 누구나 할 수 있는 일입니다.

우리는 보고 듣는 것들을 통해 끊임없이 상상력을 발휘하며 결국 이런저런 생각에 빠져듭니다. 그러므로 보고 듣는 것들을 훈련할 필요가 있습니다. 어떻게 훈련해야 할지 고민하지 마십시오. 하나님께서 모든 방법을 가르쳐주실 것이므로 오직 하나님의 영을 따르기만 하면 됩니다.

여기까지 잘 따라온 분이라면 두 가지 큰 유익을 얻을 것입니다. 첫째, 외적인 것들로부터 시선을 돌려 하나님에게 지속적으로 가까이 다가갈 수 있습니다. 하나님께 다가갈수록 주님의 성품을 닮아가며 주님이 주시는 한결같은 능력을 맛보며 의지할 수 있습니다. 둘째, 주님 곁으로 다가감으로써 죄에서 멀어집니다. 심령을 내면으로 향하기만 해도 주님께 다가가고 주님 외의 다른 것들로부터 멀어지는 습관이 생길 것입니다.

11. 내 안의 그리스도를 향하여

앞 장에서는 외적인 감각들을 어떻게 다뤄야 하는지 알아보았습니다. 언제 어떤 형태로 욕망이 일어난다 해도 하나님의 임재 안에 고요히 머무를 때 우리는 그것들을 충분히 다스릴 수 있습니다. 꿈틀거리는 욕망을 억누르려고 하다가는 오히려 자극하게 되고 맙니다.

주님을 알아가는 더 깊은 단계에 도달한 사람은 '중심지향의 법칙'이라는 한 가지 원칙을 발견하게 될 것입니다. 영혼이 점차로 내면 깊은 곳에 머물게 되면 두 가지 사실을 발견하게 됩니다. 하나님은 우리를 강하게 끌어당기는 자석 같은 성품을 지니고 계시다는 것입니다! 그리고 주님이 우리 안에 있는 불순한 것들, 즉 주님께 속하지 않은 것들을 모두 걸러내신다는 사실입니다.

이러한 예는 자연에서도 찾아볼 수 있습니다. 바다를 보십시오. 태양열을 받은 바닷물은 증발하기 시작합니다. 불순물로 가득했던 수증기가 공중으로 증발하여 위로 올라갈수록 정화되고 깨끗해집니다.

수증기가 무언가를 했습니까?

아무것도 하지 않았습니다. 그냥 수동적으로 공중에 올라가면서 저절로 정화됩니다!

우리의 영혼이 수증기와 다른 점이 있다면 수증기는 수동적인데 반해 우리는 주님의 인도를 받아들일지 거부할지 자발적으로 선택할 수 있다는 것입니다. 일단 우리의 영혼을 내면에 계신 하나님께로 돌이키면 이후에는 아주 쉽게 하나님을 향해 나아갈 수 있습니다. 점차 하나님께 가까이 가며 그분께 단단히 붙들리게 됩니다.

뿐만 아니라 하나님과 가까워질수록 겉 사람, 즉 자연인의 활동은 줄어듭니다. 겉 사람은 분명 하나님을 지향하는 내면과

정반대로 움직이려고 합니다. 하지만 우리 영혼이 언젠가 내면에 머무르는 순간이 올 것이고 주님 앞에서 사는 삶이 지극히 자연스러워질 것입니다! 과거에는 겉으로 드러나 보이는 삶이 당연한 것이었지만 이제는 주님이 거하시는 내면 한가운데 거하는 삶이 일상처럼 자연스러워질 것입니다.

우리가 공중으로 증발하는 수증기와 같다는 사실을 다시 한 번 기억하십시오. 우리는 스스로의 노력으로 공중에 올라 정화된 입자로 변할 수 없습니다. 우리가 할 수 있고 마땅히 해야 하는 일은 오직 외부의 대상들로부터 떨어지는 것뿐입니다. 외부에서 내부로 시선을 돌리십시오. 하나님을 확고하게 붙들며 주님의 은혜에 전적으로 협력하는 것만이 우리가 할 수 있는 일입니다.

처음에는 내면을 향하는 과정이 어렵게 보일 수 있습니다. 하지만 실제 생각만큼 어렵지 않을 뿐더러 시간이 흐를수록 수월해진다는 사실을 믿으십시오. 애쓰지 않아도 자연스럽게 영적으로 성장할 것입니다. 앞서 말했듯이 하나님에게는 우리를 자석처럼 끌어당기는 힘이 있기 때문입니다. 그분은 우리 안에 거하면서 언제나 우리를 끌어당기십니다.

자연현상에서도 같은 원리를 찾아볼 수 있습니다. 어떤 것이든 그 중심부에는 아주 큰 인력이 작용하는데 영적인 영역도 마찬가지입니다. 우리의 존재 한가운데에도 불가항력적인 인력이 있습니다. 인간의 중심부에 엄청난 인력이 존재하며 인간은 스스로 자신의 중심과 하나가 되고자 하는 경향을 띱니다. 우리의 중심부가 외부의 것들을 끌어당길 뿐 아니라 그 자체 역시 중심을 향하고 있다는 것입니다. 그리스도 안에서 완전해질수록 하나님께로 이끌리는 경향 또한 강렬하고 활발해집니다.

그렇다면 이러한 '중심지향성'을 약화시키는 요소는 무엇일까요? 외부(우리)와 중심에 있는 자석(그리스도) 사이를 가로막고 있는 몇 가지 장애물이 있습니다. 이 방해물이 없다면 모두 쉽게 중심으로 빨려들 텐데 말입니다.

돌멩이를 예로 들어보겠습니다. 손에 쥐고 있던 돌을 놓으면 돌은 본래 있었던 땅바닥으로 떨어집니다. 자신이 본래 있던 곳으로 돌아가는 것입니다. 불도, 물도 마찬가지입니다. 그것들도 그들 고유의 중심으로 돌아가게 마련입니다.

우리의 영혼도 일단 내면으로 방향을 틀면 중심지향의 법칙을 따르게 됩니다. 영혼의 본거지인 하나님께로 이끌리게 됩니다. 여기에는 하나님의 사랑 외에 다른 힘은 필요하지 않습니다. 하나님께 모든 것을 맡기고 잠잠하게 머물수록, 내 힘으로 해보겠다는 마음에서 벗어날수록 보다 빨리 하나님에게 다가갈 수 있습니다. 왜 그럴까요? 우리 안에는 이미 우리를 끌어당기는 하나님의 힘이 존재하기 때문입니다. 그 힘이 방해받지 않는 한 하나님은 원하는 대로 자유롭게 우리를 끌어당기십니다.

예수 그리스도는 우리의 영혼을 끌어당기는 강력한 자석이지만 오직 영혼에 대해서만 그러하십니다. 영혼에 섞여 있는 불순하고 부정한 것들은 끌어당기지 않으신다는 말입니다. 불순물들이 있으면 끌어당기는 힘이 제한됩니다.

반면 무엇과도 혼합되지 않은 순전한 영혼은 저항할 수 없을 만큼 힘이 넘치는 하나님께로 순식간에 이끌려 그 안에 푹 잠기게 될 것입니다. 하지만 영혼에 물질이나 그 밖의 것들이 차 있다면 제대로 이끌릴 수 없습니다. 수많은 그리스도인들은 이 세상과 자아를 꽉 움켜쥐고 있기 때문에 내면의 중심으로 향하는 과정을 더디게 만들며 인생을 허비하고 있습니다.

그래도 하나님께서 때때로 한없는 사랑으로 우리가 움켜쥔

수많은 그리스도인들은
이 세상과 자아를 꽉 움켜쥐고 있기 때문에
내면의 중심으로 향하는 과정을 더디게 만들며
인생을 허비하고 있습니다.

짐을 부숴버리시는 것에 감사하십시오. 짐들이 부서진 후에야 여태껏 우리가 얼마나 짐에 눌려 제자리걸음을 하고 있었는지 깨닫게 됩니다.

사랑하는 성도여, 모든 것을 내려놓으십시오. 지금 쥐고 있는 자아와 주변 사람, 사물을 그냥 내려놓으십시오. 물론 이렇게 하는 데는 희생이 필요하고 이는 십자가를 짊어지는 일이라고도 할 수도 있습니다. 하지만 일단 내려놓으면 희생과 부활의 간격이 얼마나 좁은지, 즉 희생한 뒤 부활이 얼마나 순식간에 이뤄지는지 깨닫고 무척 놀라게 될 것입니다.

영혼은 완전하게 수동적인 상태여야 할까요?

어떤 사람들은 제가 지금까지 말한 것과 같이 하나님께서 자신의 뜻을 우리 영혼 안에 두실 때까지 영혼이 호흡하지 않는 사물처럼 완전히 죽어야 한다고 생각할지 모릅니다. 하지만 사실은 정반대입니다.

영혼은 대부분 의지로 채워져 있습니다. 좌우로 치우치거나 요동하지 않고 하나님을 온전히 기다리기 위해서는 의지를 동원해야 합니다. 완전한 수동성, 즉 아무것도 하지 않고 하나님을 기다리는 상태야말로 사실은 가장 능동적인 활동입니다.

"하나님의 소원이 제 안에서 온전히 성취되기를 온 힘을 다해 원합니다. 저를 온전한 소유로 삼으시려는 하나님의 뜻이 이루어지도록 제 힘을 모두 내려놓으며 활동을 멈추고 이곳에 머물겠습니다"라는 영혼의 소리를 들으십시오.

이것이 바로 의지를 최대로 발휘한 상태입니다. 이 영혼은 '하나님의 의지'에 완전히 순복할 것입니다!

그러므로 내면에 머무는 법을 배우는 일에 온 신경을 쏟으십시오. 이제껏 겪었던 어려움 때문에 낙심하지 마십시오. 머지않아 하나님께서 풍성한 은혜를 베풀어 결국 이 모든 일이 훨씬 쉬워질 것입니다.

이 장을 마무리하면서 하나만 덧붙이겠습니다. 성실하고 겸손한 자세를 유지하고 외부의 온갖 산만함으로부터 마음을 계속 돌이키십시오. 평화롭고 따뜻한 사랑으로 우리의 중심 되신 하나님을 변함없이 바라보는 습관을 들이십시오.

12. 내면에서 흘러나오는 기도

지금껏 제가 말한 대로 성실하게 실천해온 사람이라면 자신이 점점 주님의 것이 되고 있음을 느끼며 신기한 생각이 들 것입니다. 다시 한 번 말하지만, 이 책은 즐거움을 주기 위한 것도, 단순히 기도하는 방법을 말해주는 것도 아닙니다. 어떻게 하면 궁극적으로 주님께 나를 온전히 드릴 수 있는지 알려주는 것이 이 책의 목적입니다.

우리가 주님의 소유가 되면 주님의 임재를 기뻐하며 그런 체험을 점차 자연스럽게 받아들이게 될 것입니다. 주님의 임재가 일상이 되는 것입니다. 어디에서도 경험하지 못했던 고요와 평화가 영혼을 덮을 것입니다. 전혀 새로운 차원에서 기도와 임재를 체험하게 될 것입니다.

여기서 말하는 새로운 차원이란 침묵의 기도를 말합니다. 우리가 침묵 가운데 있을 때 하나님은 깊고 내밀한 사랑을 우리에게 부어주실 것입니다. 이 사랑은 우리의 존재 전체에 스며들어 충만하게 차오릅니다. 이를 어떻게 쉽게 묘사할지 모르겠지만, 마음 깊은 곳에 사랑이 채워진다는 것은 말로 다할 수 없는 축복의 시작인 것만큼은 분명합니다.

하나님과 만나는 데는 생각의 차원을 넘어 무한한 체험의 단계까지 있지만 이 책은 초신자를 염두에 두고 썼으므로 보다 깊은 이야기는 훗날 하는 편이 좋겠습니다.

다만 신앙의 연수를 불문하고 말씀드리고 싶은 게 있습니다. 주님께 나올 때는 생각을 잠잠하게 하는 법을 배워야 한다는 것입니다. 자기 노력을 그치는 것은 우리가 할 수 있는 가장 중요한 일 중 하나입니다. 그래야만 하나님께서 하나님의 방식대로 일하실 수 있을 테니까요. "너희는 가만히 있어 내가 하나님 됨을 알지어다"(시 46:10)라고 시편 기자는 말했습니다.

이 시편은 귀한 통찰이 깃든 구절입니다. 본질적으로 자아는 스스로 노력해야 한다는 생각에 집착하기 때문에 심령 안에서 무슨 일인가 일어나고 있어도 그것을 그대로 믿지 못합니다. 느끼고 납득할 수 있어야만 믿습니다.

때때로 하나님께서 우리 안에서 일하신다는 사실을 느끼지 못하는 이유는 주님의 역사가 우리의 이성이 아닌 심령 안에서 이뤄지기 때문입니다. 게다가 하나님은 매우 신속하게 일하시기 때문에 우리의 이성이 그 과정을 인지하지 못할 수 있습니다. 우리 안에서 하나님께서 활발하게 일하실수록 우리의 자아는 그것에 더 쉽게 묻어가게 될 것입니다.

예를 하나 들어보겠습니다.

밤하늘에는 별이 있습니다. 하지만 태양이 떠오르면 별들은 자취를 감춥니다. 별들이 사라진 것일까요? 아닙니다. 그것들은 여전히 제자리에 있으면서 빛을 발하고 있지만 태양의 강렬한 빛 때문에 우리 눈에 보이지 않는 것입니다. 영적 문제들도 마찬가지입니다. 각 사람의 영혼에서 나오는 작은 빛들을 전부 흡수할 만큼 강렬하고 완전한 빛이 있습니다. 바로 성령 하나님의 전능한 빛입니다. 그 안에서 우리 영혼의 빛은 희미해지고 완전히 묻히기까지 합니다. 더 이상 자아의 활동이 두드러지거나 포착되지 않게 됩니다. 자기 노력이 점차 하나님의 역사 안에 묻힙니다.

"그렇다면 침묵 기도 때 우리의 영혼은 활동하지 않나요?" 침묵 기도를 조금이라도 체험해본 사람이라면 이런 질문은 아예 하지도 않을 것입니다. 예수 그리스도를 더 깊이 만나기 위해 노력하는 사람은 영혼의 상태에 대해 잘 알게 될 테니까요. 즉 우리의 영혼은 활동하지 않아 메마르고 쇠약해지는 게 아니라 충만함으로 잠잠해집니다.

침묵 기도를 경험한 그리스도인은 이 침묵이 풍성하고 충만하며 생명력 넘치는 것이라는 데 고개를 끄덕일 것입니다! 그렇습니다. 침묵은 충만함이 가득한 곳에서 흘러나옵니다.

침묵에는 두 가지 이유가 있습니다. 할 말이 전혀 없거나 반대로 할 말이 너무 많을 때 우리는 침묵합니다. 주님을 깊이 만나는 사람은 후자에 해당합니다. 침묵은 결핍이 아니라 충만함에서 비롯됩니다. 목말라 죽는 것과 물에 빠져 죽는 것은 별개의 문제이지만 둘 다 물과 관련되어 있습니다. 전자는 물이 부족해서이고 후자는 물이 지나치게 많아서죠.

그리스도를 체험하는 것은 단순한 기도에서 시작됩니다. 하지만 하나님의 충만한 은혜에 잠겨 자아의 활동이 잠잠해지면서 체험도 점점 깊어집니다. 잠잠한 상태에 머무는 것이 중요한 이유가 바로 여기에 있습니다.

또 다른 예를 들어보겠습니다. 갓난아기가 젖을 먹을 때 처음에는 힘을 주며 빨아들이지만 일단 젖이 흘러나오면 가만히 삼킵니다. 그렇지 않고 계속 빨아대기만 한다면 중간에 젖을 토해버리고 말 것입니다.

기도도 마찬가지입니다. 특히 초반에는 젖먹이 아이와 같은 자세를 가져야 합니다. 처음에는 부드럽게 주님을 부르십시오. 그러다가 주님이 심령 안으로 들어오시면 모든 활동을 멈춰야 합니다.

이렇게 해보십시오. 입을 열고 주님을 향한 사랑의 마음을 일깨우십시오. 그러다가 주님의 사랑이 아낌없이 흘러나오면 모든 것을 멈춘 채 잠잠하게 머물러 있어야 합니다. 그저 감미로운 주님의 은혜와 사랑을 받아들이기만 하십시오. 사랑의 흐름이 멈춘 것같이 느껴질 때는 다시 한 번 감정을 일깨워야 합니다. 어떻게 하면 될까요? 아기가 입술을 오물거리며 빨아들이는 것처럼 그렇게 하십시오.

이 모든 과정은 아주 잠잠하게 진행되어야 합니다. 그렇지 않으면 하나님의 은혜를 제대로 누릴 수 없습니다. 주님이 이러한 체험을 허락하시는 이유는 우리가 사랑 안에서 안식하며 가만히 머물게 하려는 데 있지 자아를 활동하게 하려는 데 있지 않습니다.

갓난아기의 예를 다시 생각해봅시다.

아기는 부드럽게 젖을 빨다가 나중에는 힘을 빼고 삼키기만 합니다. 안타깝게도 대부분의 사람들은 우리가 갓난아기처럼 수동적인 자세로 영혼의 양식을 받을 수 있다는 사실을 좀처럼 믿지 못합니다. 아기가 젖을 먹고 난 후의 모습을 본 적이 있나요? 아기는 엄마의 품에 안겨 곤하게 잠듭니다.

우리의 영혼도 이와 같습니다. 기도하다가 잠잠하고 고요한 상태에 이르러 종종 신비한 숙면에 빠져듭니다. 영혼이 더 깊은 차원인 '완전한 안식'에 들어가는 것입니다.

이때에는 생각도, 영혼도 쉼을 얻습니다. 완전하게 주님 앞에서 부드럽고 잔잔하고 평화로운 안식으로 들어갑니다. 어떤

기도하다가 잠잠하고 고요한 상태에 이르러
종종 신비한 숙면에 빠져듭니다.
영혼이 더 깊은 차원인 '완전한 안식'에 들어가는 것입니다.

것에도 방해받지 않습니다. 처음에는 가끔씩 이런 경험을 하겠지만 나중에는 아주 자주 이렇게 안식하게 될 것입니다.

여기에는 아무런 수고도, 기술도 필요 없습니다. 그저 주님이 그 깊은 체험으로 인도해주시기를 기다리며 주님과 함께 있으면 됩니다.

내면의 삶, 즉 심령 안에 머무는 삶은 폭풍 같은 힘이나 폭력으로 얻을 수 있는 게 아닙니다. 우리 내면에 있는 왕국은 평화의 공간입니다. 그것은 오직 사랑으로만 얻을 수 있습니다.

이제 이 고요한 안식의 자리에 이를 것이고 '끊임없는 기도'를 체험하게 될 것입니다.

끊임없는 기도란 내면에서 흘러나오는 기도를 말합니다. 내면에서 흘러나와 우리의 전 존재에 스며들고 충만하게 차오르는 기도입니다. 이것도 그리 어렵지 않습니다. 사실 하나님은 우리에게 특별한 것을 요구하지 않으십니다. 오히려 어린아이처럼 단순하게 행동하는 것을 보고 기뻐하십니다.

가장 숭고한 영적 진보는 가장 쉽게 얻을 수 있습니다. 중요한 것일수록 단순하고 쉽습니다.

자연에서 그 예를 찾아보겠습니다.

가령 바다에 가고 싶다면 강으로 나가 배를 타면 됩니다. 배에 타면 가만히 있어도 자연스럽게 바다로 들어갈 수 있습니다.

하나님에게 나아가기를 원하시나요? 그렇다면 제가 이제껏 설명한 내용을 떠올리십시오. 즐겁고도 단순한 그 길을 따라가십시오. 계속 가다보면 마침내 그토록 바라던 목적지에 도달할 것입니다. 예상하지 못했던 속도로 하나님께 다다르게 됩니다.

무언가가 더 있어야 할까요? 아닙니다. 그저 해보겠다는 의지를 가지고 시작하면 됩니다.

일단 체험해본 사람은 제 설명이 얼마나 부족했는지 알 겁니다. 그만큼 예수 그리스도를 직접 체험하는 일은 무슨 설명을 하든, 무슨 상상을 하든 그 이상이 될 것입니다.

그러므로 두려워할 게 무엇이겠습니까? 사랑하는 하나님의 자녀여, 이제 그 사랑의 품으로 당장 뛰어드십시오! 예수님께서 십자가에 두 팔 벌려 달리신 이유는 오직 우리를 품에 안기 위해서입니다. 하나님만 온전히 의지하는 데 감수해야 할 위험이 있습니까? 그분 앞에서 자신을 철저히 포기하고 내드리기 위해 넘어야 할 장애물이 있습니까? 주님은 우리를 속이지 않으십니다. 오히려 상상을 뛰어 넘는 풍성한 은혜를 베푸실 뿐입니다.

하지만 자기 노력으로 이 모든 것들을 하려는 사람은 주님의 질책을 들을 것입니다.

네가 길이 멀어서 피곤할지라도 헛되다 말하지 아니함은 네 힘이 살아났으므로 쇠약하여지지 아니함이라(사 57:10).

13. 임재 속에서 풍성함을 누리세요

앞 장에서는 예수 그리스도를 깊이 체험하는 단계에 들어가는 것에 대해 말했습니다. 하나님 앞에서 잠잠하게 기다리는 것으로 시작하라고요.

이제부터 소개할 단계도 마찬가지입니다. 이것은 특별한 사람들만 우연히 체험하는 게 아니라 점차 우리의 일상이 될 수 있는 체험입니다. 하나님의 임재가 우리의 내면을 조금씩 채워 가다가 나중에는 존재 전체를 가득 메울 것입니다.

처음에는 기도를 통해 하나님의 임재로 들어가지만 나중에는 기도 자체가 바로 하나님의 임재가 됩니다. 실제로 그렇다면 기도가 계속된다기보다 하나님의 임재가 계속된다고 말하는 편이 맞겠지요. 기도를 넘어서는 것입니다. 하늘의 축복을 받으며 우리 곁에 가장 가까이 계시는 하나님을 분명하게 느낄 수 있을 것입니다.

이제껏 주님을 발견할 수 있는 유일한 길은 바로 내면을 향하는 것이라고 말했습니다. 오직 내면에서만 주님을 볼 수 있었습니다. 그런데 놀랍게도 이제는 눈을 감자마자 깊은 기도로 넘어가게 될 것입니다. 하나님께서 놀라운 복을 베풀어주셨습니다.

이제 또 다른 경험에 대해 얘기해보겠습니다.

우리는 하나님과 내면의 대화를 나눌 수 있는 능력을 타고났습니다. 우리에게 큰 기쁨을 안겨주는 이 대화는 외부 환경에 전혀 구애받지 않습니다.

"지혜에 선한 모든 것이 들어 있다"는 외경의 어느 구절은 '단순한 기도'에도 그대로 적용됩니다. 주님을 더 깊이 만나는 일도 마찬가지입니다.

주님과 내면의 대화를 나누는 그리스도인에게는 원래 타고난 듯 하나님의 성품이 부드럽고도 자연스럽게 흘러나옵니다.

처음에는 기도를 통해
하나님의 임재로 들어가지만
나중에는 기도 자체가
바로 하나님의 임재가 됩니다.

심령 안에서 생수가 힘차게 솟구쳐 온갖 종류의 선한 열매를 맺게 됩니다.

그렇다면 죄의 문제는 어떠할까요? 이 단계에서는 죄에서 멀리 떨어진 것처럼 느끼기 때문에 죄 자체를 의식하지 못합니다.

예수 그리스도와 더 깊이 만나는 단계로 들어갔다면 이제 외부의 환경이나 일에 어떻게 반응해야 할까요?

그대로 머물러 있으면 됩니다. 매사에 고요하고 단순한 쉼을 준비 과정으로 삼고 주님 앞에 잠잠하게 안식하십시오. 주님의 거룩한 임재를 온전히 체험하고 주님이 주시는 은혜를 내면 깊이 받아들이는 것, 이를 유일한 목적으로 여겨야 합니다.

14. 침묵하는 습관을 들이세요

그리스도를 체험하는 여정은 침묵과 끊임없는 기도로 이어집니다.

침묵의 문제를 좀 더 살펴봅시다. 주님에게 처음 나아갈 때 침묵이 그토록 중요한 이유는 무엇일까요?

첫 번째 이유는 모든 인간이 하나님과 달리 타락한 본성을 지니고 있기 때문입니다. 인간의 속성과 하나님의 속성은 약간 다른 정도가 아니라 정반대입니다.

두 번째 이유는 예수 그리스도는 말씀, 곧 살아 있는 말씀이기 때문입니다. 그분은 말씀하는 분이기에 우리는 그분의 말씀을 들을 수 있습니다! 그분의 말씀을 들으려면 그에 합한 성품을 지녀야 합니다.

예를 들어보겠습니다. 듣는 것은 수동적인 행위입니다. 무언가를 들으려는 사람은 귀를 가만히 두면 됩니다.

예수 그리스도는 영원한 말씀입니다. 오직 주님만이 우리에게 새 생명을 공급해주시는 원천입니다. 주님으로부터 새 생명을 공급받기 위해선 주님께 연결되어 있어야 합니다. 주님은 말씀하고 말씀으로 전달하는 분입니다. 주님이 말씀하려 하실 때 우리는 의식을 온통 그분에게 집중해야 합니다.

성경이 왜 그토록 하나님의 목소리에 귀 기울이라고 거듭 말하는지 아시겠습니까?

내 백성이여 내게 주의하라 내 나라여 내게 귀를 기울이라(사 51:4).

… 내게 들을지어다 배에서 태어남으로부터 내게 안겼고 태에서 남으로부터 내게 업힌 너희여(사 46:3).

딸이여 듣고 보고 귀를 기울일지어다 네 백성과 네 아버지의 집을 잊어버릴지어다 그리하면 왕이 네 아름다움을 사모하실지라(시 45:10-11).

그렇다면 침묵을 습관화하기 위해선 무슨 일부터 해야 할까요? 첫째, 자기 자신을 잊으십시오. 자신의 모든 관심사는 일단 제쳐두어야 합니다.

둘째, 하나님의 말씀을 듣는 일에 집중하십시오.

이 두 가지를 실천할 때 우리 안에서 형언할 수 없이 아름다운 예수 그리스도에 대한 사랑이 피어납니다. 예수님께서 그 아름다움으로 우리를 다듬어 가실 것입니다.

셋째, 조용한 장소를 찾으십시오. 조용한 환경에서 우리의 내면은 잠잠해집니다. 특히 침묵이 삶의 일부로 뿌리내리기 위해서는 주변 환경이 조용해야 합니다. 침묵과 쉼을 사랑하지 않는다면 그리스도가 거하시는 내면의 가장 깊은 곳으로 향할 수 없습니다.

그러므로 보라 내가 그를 타일러 거친 들로 데리고 가서 말로 위로하고(호 2:14).

우리는 내면을 향하며 그곳에 계신 하나님께 완전히 사로잡혀야 합니다. 외부의 온갖 잡다한 일에 마음이 나뉘어 있다면 이것은 불가능한 일이겠지요.

주님은 우리의 존재 한가운데 계십니다. 그러므로 그분은 우리의 중심이 되셔야 합니다.

중심에 계신 하나님에게서 멀어지게 되었을 때 어떻게 해야 할까요? 연약해서 멀어졌건, 믿음이 부족해서 멀어졌던 간에 우리는 다시 내면으로 향해야 합니다. 자꾸 하나님에게서 멀어진다 해도 그때마다 다시 내면으로 돌이키십시오. 주의가 산만해질 때마다 돌이키고 돌이키기 바랍니다.

매일 한두 시간 정도 주님을 향하는 것으로는 충분하다고 생각하지 마십시오. 기름 부음과 심령의 기도가 평생 이어지지 않는다면 이렇게 의식을 집중한들 별 의미가 없습니다.

15. 주님의 빛에 마음을 드러내세요

이번 장에서는 자아성찰과 죄 고백에 대해 좀 더 자세히 살펴보겠습니다.

보통 죄를 고백하기에 앞서 죄를 성찰하게 됩니다. 그 방법은 개인의 신앙 경험에 따라 다양합니다. 앞서 언급한 단계를 성실하게 밟아온 그리스도인들에게 이렇게 권면하고 싶습니다. 영혼을 완전히 열고서 죄의 문제를 가지고 나오십시오. 주님이 빛을 비추어 우리의 모든 연약함과 실수와 죄를 낱낱이 드러내실 것입니다.

예수 그리스도가 찬란한 빛을 우리의 존재와 내면에 비추면서 우리는 죄를 성찰하게 될 것입니다. 그럴 때는 잠잠하고 평안히 그분 앞에 머물러 있으면 됩니다. 우리가 성찰하게 되는 것도 주님이 하시는 일이기 때문입니다.

무슨 죄를 얼마만큼 지었는지 알고자 한다면 오직 주님을 의지하십시오. 내면의 죄는 나의 열정이나 통찰력이 아니라 오로지 하나님의 인도로만 드러날 수 있습니다. 죄를 스스로 성찰하려고 하면 자기기만에 빠지기 쉽습니다. 자신에 관한 진실을 완벽하게 파악할 수 있는 사람은 아무도 없습니다. "악을 선하다 하며 선을 악하다 하며"라는 이사야서 5장 20절 말씀처럼 인간은 본래 이기적인 자기애를 갖고 있습니다.

주님에게 나아갈 때는 결코 그럴 수 없습니다. 주님은 매우 엄격하고 단호한 분입니다! 주님이 비추시는 의의 광선에 드러난 우리는 아주 사소한 잘못 하나라도 숨길 수 없습니다. 그러므로 죄의 문제를 확실히 다루기 위해서는 죄를 성찰하고 고백하는 모든 과정을 온전히 주님께 맡겨야 합니다.

물론 신앙이 걸음마 단계일 때는 하나님의 전적인 인도를 받기가 쉽지 않을 것입니다. 그것은 '단순한 기도'를 지속적으로 훈련한 사람에게 가능한 일이니까요.

주님과의 사귐이 이 수준에 오른 그리스도인이라면 주님에게 어떤 잘못도 숨길 수 없다는 사실을 깨닫게 될 것입니다. 가령 죄를 짓는 순간 내면 깊은 곳에서 타오르는 혹은 미묘하게 자신을 일깨우는 내적 감각을 통해 책망을 받습니다. 주님의 꿰뚫는 듯한 눈빛 앞에서는 모든 것이 드러납니다. 어떠한 죄도 감출 수 있거나 용납되지 않습니다.

주님과 이러한 관계에 있다면 주님이 우리의 죄를 비추실 때 어떻게 반응해야 하는지 알 테지요. 즉시 주님께로 돌이켜 주님이 허락하신 변화의 과정과 고통을 감내해야 합니다.

주님과 함께 이 과정을 견디어내십시오. 얼마간 시간이 지나면 주님은 우리의 영혼을 지속적으로 점검해주실 것입니다. 죄를 성찰하는 것은 절대 우리의 몫이 아닙니다. 한 번에 해치워버릴 일도 아닙니다. 주님이 한결같이 그 일을 맡아주실 것입니다.

정결케 되기 위해 자기 힘으로 노력하기보다 자신을 주님께 성실하게 맡겨드려야 빛 가운데 내면을 단번에 드러낼 수 있음을 알게 될 것입니다.

그렇다면 이젠 죄를 고백하는 것에 관해 살펴보겠습니다.

고백과 회개의 과정에는 보다 깊은 이해와 경험이 동반되어야 합니다. 그 길을 따르기 전에 우선 죄 고백에 관한 일반적인 오해부터 살펴봐야겠습니다.

이제까지는 뉘우치는 마음으로 죄를 고백했을 것입니다. 그렇지 않나요? 그런데 죄를 고백하고 회개할 때 실제로 후회보다는 사랑과 평온을 느끼며 자신이 점차 그것에 사로잡히는 것을 느끼게 됩니다.

감미로운 회개, 사랑과 평온을 가져다주는 죄 고백, 이런 말들을 들어보지 못했다면 이러한 사랑을 받아들이기가 어려울 것입니다. 오히려 하나님 앞에서 슬퍼하고 통회하는 모습을 연출하는 지극히 인간적인 태도를 취하려고 하겠지요. 진심으로 죄를 슬퍼하고 뉘우쳐야 주님이 흡족해하실 것이라고 그동안 배웠을 테니까요. 맞는 말이긴 합니다.

하지만 기억하십시오. 자기 노력으로 애통한 마음을 끌어내려 한다면 진정한 회개를 놓치게 됩니다. 진정한 회개란 무엇일까요? 참된 회개를 해본 적이 있는가 한번 돌아보십시오. 그때

자기 노력으로 끌어내는
그 어떤 회개보다 훨씬 더 순결하고
지고한 회개는 깊은 곳에서 흘러나오는
사랑의 감정입니다.

가슴속에서 깊은 사랑의 감정이 강하게 솟아났던가요?

자기 노력으로 끌어내는 그 어떤 회개보다 훨씬 더 순결하고 지고한 회개는 깊은 곳에서 흘러나오는 사랑의 감정입니다. 이러한 사랑은 회개에서 비롯되는 모든 감정을 아울러서 훨씬 더 완전하게 회개를 표현합니다.

주님이 죄 고백과 회개를 친히 이끌어주시는 단계에 이르면 일부러 죄에 대해 어떤 감정을 불러일으키려고 노력할 필요가 없습니다. 하나님께서 직접 가장 순수하고 진실한 방식으로 회개할 수 있도록 인도하실 테니까요.

하나님은 죄를 증오하십니다. 하나님의 주권적인 인도를 받아 회개를 경험해본 사람은 하나님처럼 죄를 증오하게 될 것입니다. 일부러 침울해하거나 다른 행동을 취하려고 하지 마십시오. 주님이 우리의 영혼에 찾아와 일하신다면 우리는 이제껏 알지 못했던 가장 순수한 사랑을 경험할 것입니다. 하나님께서 정해주신 자리에 머물러 주님이 일하게 하십시오.

어느 현자의 조언을 따르십시오.

주님을 신뢰하라. 그분이 인도하신 곳에서 잠잠히 머물라 (외경).

제가 설명한 대로 따라오신 분들이라면 '죄를 기억하기가 참 어려운 일'임을 깨닫고 무척 놀라게 될 것입니다. 죄를 잊어버린다는 사실에 부담을 느낄 필요는 없습니다. 어떤 사람은 '죄를 잊어버리는 게 합당하느냐'고 반문하겠지만 죄를 잊는 것은 곧 죄에서 깨끗하게 되었다는 하나의 증거입니다.

죄를 잊어버리는 것은 좋은 일이며 더 나아가 근심되는 모든 일들을 잊음으로써 오로지 하나님만 기억하는 것만큼 좋은 일도 없습니다.

제가 말씀드리는 고백과 회개는 매우 깊은 차원의 경험이라는 것을 명심하십시오. 무엇보다 이런 식으로 주님을 경험할 때 주님은 결코 우리의 죄를 덮어둔 채 내버려두지 않으십니다. 스스로의 힘으로 죄를 점검하려 들면 많은 부분을 놓칠 수 있지만 주님이 직접 점검 해주시면 그럴 염려가 없습니다! 주님은 모든 죄를 낱낱이 드러내실 것입니다. 그러므로 이 일을 모두 하나님께 맡기십시오. 그러면 훨씬 정확하고 세세하게 내면을 점검받을 수 있습니다.

분명히 말씀드리는 것은, 이러한 조언들은 영혼이 분주한 그리스도인들에게는 적용될 수 없다는 것입니다. 영혼이 여전히 부산하게 활동하는 단계에서는 이런 조언이 아무 소용없다는 뜻이지요. 이 단계에서는 죄의 문제를 다루기 위해 본인 스스로 노력하는 것이 맞고 또 그래야 합니다.

그리스도인의 영혼은 영적으로 얼마나 성숙한가에 따라 노력하는 정도가 달라집니다. 영혼이 내면의 중심으로 깊이 들어갈수록 스스로 노력하기를 그칠 것입니다. 죄를 비롯한 삶의 모든 문제에서도 마찬가지입니다.

그러므로 주변 상황이 어떠하든지 단순하고 고요한 마음으로 주님을 기다리면서 영적으로 보다 더 성숙해져야 합니다. 그렇게 하는 것이 주님이 우리 안에서 자유롭게 일하시도록 초청하는 것입니다. 주님과의 만남을 더할 나위 없이 최상의 것으로 만드시는 분은 바로 주님입니다.

16. 성령의 인도를 따라 말씀을 읽으세요

지금까지 주님과 깊이 만나는 체험을 비롯해 죄를 성찰하고 고백하는 문제에 대해 이야기했습니다. 이렇게 주님과의 사귐이 점차 깊어진다면 다음은 어떤 일들이 기다리고 있을까요?

우선 성경에 대해 생각해보겠습니다. 이제까지 설명한 것보다 더 깊이 있게 성경을 사용할 수 있게 될까요?

앞서 얘기했지만 성경 읽기는 기도의 한 방법입니다. 읽은 말씀이 곧 기도가 된다는 사실을 기억하십시오. 성경을 유익하게 사용하기 위한 보다 세련한 방법들을 살펴보겠습니다.

먼저 주님 앞에 나와 성경을 읽으십시오. 내면으로 인도되는 게 느껴지면 즉시 읽기를 멈추십시오. 그리고 주님이 우리 내면에 계신 자신에게로 우리를 인도하시는 것을 느끼십시오. 잠시 잠잠하게 머물러 있으십시오. 그러다가 다시 말씀을 읽으십시오. 아주 천천히, 조금씩. 말씀을 읽는 중에 주님의 인도가 느껴질 때마다 읽기를 멈추고 고요하게 머무르십시오.

이러한 과정을 반복하면 무슨 일이 일어날까요?

때때로 내적 침묵의 상태를 경험하게 될 것입니다. 내적 침묵으로 들어갔다면 소리 내어 기도해야 한다는 부담감을 벗으십시오. 소리를 내거나 종래의 방식대로 기도하려고 하면 내적 체험에 집중하지 못하고 점차 피상적인 기도로 되돌아갈 것입니다.

침묵으로 인도된 이상 말로 기도해야 할 필요는 없습니다.

말하지 않은 채 무엇을 해야 할까요? 아무것도 없습니다! 그저 내면으로 인도하시는 주님의 손길에 자신을 맡기십시오! 영혼의 울림을 그대로 따르십시오. 영혼이 우리를 내면 깊은 곳으로 점차 인도할 것입니다.

마지막으로 한 마디 덧붙이겠습니다.

그리스도를 체험하는 모든 과정에서 가장 지혜로운 자세는 정형화된 방법과 형식을 멀리하고 성령님의 인도에 전적으로 자신을 맡기는 것입니다. 영혼의 소리에 귀 기울일 때 그것이 어떤 모습으로 나타나든 가장 완벽한 방식으로 주님을 만나게 될 것입니다.

 *A Method of Prayer*

17. 나의 기도가 그치다

 단순한 기도를 시작으로 주님과 함께하는 여정을 계속하다 보면 또 다른 체험을 하게 될 것입니다. 더 이상 간구하는 기도가 나오지 않는 것입니다. 너무 놀라지는 마십시오.

 '요청하는 기도'가 점점 어려워질 것입니다. 그렇습니다. 예전에 간구하고 요청하는 기도를 얼마든지 쉽게 할 수 있었습니다. 그것을 어렵게 느낀 적이 한 번도 없었을 겁니다. 하지만 주님과 새로운 관계를 맺고 있는 지금, 기도하는 주체는 성령님이십니다! 성령님께서 친히 간구하며 우리의 연약함을 도우십니다. 우리가 무엇을 어떻게 기도해야 할지 모를 때 성령님께서 하나님의 뜻에 따라 기도하십시오.

> 이와 같이 성령도 우리의 연약함을 도우시나니 우리는 마땅히 기도할 바를 알지 못하나 오직 성령이 말할 수 없는 탄식으로 우리를 위하여 친히 간구하시느니라(롬 8:26).

우리의 뜻이 있고 하나님의 뜻이 있습니다. 우리의 계획이 있고 하나님의 계획이 있습니다. 또한 우리의 기도가 있고 하나님의 기도가 있습니다. 우리는 하나님의 계획에 맞추어야 합니다. 그렇게 할 때 하나님은 우리가 임의대로 움직이는 것을 멈추게 하고 대신 그 자리에서 일하십니다.

그러므로 하나님께 맡겨드리십시오. 하나님께서 자신의 뜻에 따라 우리 안에서 일하시게 하십시오.

성령님께서 하시는 기도에는 하나님의 뜻이 들어 있습니다. 그분이 친히 기도하도록 하십시오. 우리의 기도를 멈춰야 합니다. 소원과 간구를 내려놓아야 합니다. 물론 우리에게도 나름대로 뜻이 있고 소원과 간구가 있겠지만 성령님께서 친히 하나님의 뜻과 소원대로 기도하시도록 해야 합니다.

이러한 관계는 갈수록 깊이를 더해갈 것입니다.

성령님의 기도를 통해 하나님의 뜻이 온전히 이뤄지려면 모든 것에 대한 우리의 집착을 내려놓아야 합니다. 즉 원하는 것이 전혀 없는 삶을 살아야 합니다! 아무리 좋고 좋아보여도 절대 집착하지 말아야 합니다.

18. 내 본연의 모습과 마주치다

주님과 함께하는 여정에 들어서면 주의가 산만해지는 경우가 있습니다. 특히 초기에 그렇습니다. 그런데 시간이 꽤 흐른 뒤에도 기도에 집중하지 못하는 경우가 있습니다. 이제 그 문제에 대해 살펴보겠습니다.

이러한 방해요소, 즉 우리를 존재의 내면에서 멀어지게 하는 요소들을 어떻게 다루고 있나요? 죄를 지었거나 곤란한 상황에 처해 생각이 흐트러질 때 어떻게 하면 좋을까요?

즉시 내면의 영혼으로 돌아가야 합니다.

하나님을 떠났다면 어서 그분께로 돌이키십시오. 그리고 주

자기 본연의 모습을
정직하게 마주한 사람일수록
자신의 비참한 실존을 깨닫고
더욱 하나님께 엎드리게 됩니다.

님이 정하신 처벌이라면 무엇이든 받아들이십시오.

여기서 유념해야 할 점이 있습니다. 마음이 산만해졌다고 낙심하지 말라는 것입니다. 우리는 스스로 지은 잘못으로 인해 낙심하지 않도록 늘 마음을 지켜야 합니다. 거기에는 두 가지 이유가 있습니다.

첫째, 낙심은 영혼을 뒤흔들어놓고 바깥에 있는 것들을 의식하게 만들기 때문입니다. 둘째, 사실 낙심은 교만이라는 은밀한 뿌리에서 비롯되기 때문입니다. 낙심하면서 자기 가치에 집착하는 것입니다. 자기 본연의 모습을 보니 당혹스럽고 속상한 것입니다.

은혜롭게도 주님의 겸손하고 진실한 영을 받은 사람은 자기 안에서 일어난 온갖 실수와 실패, 심지어 인간의 적나라한 본성을 보게 되더라도 놀라지 않습니다. 자기 본연의 모습을 정직하게 마주한 사람일수록 자신의 비참한 실존을 깨닫고 더욱 하나님께 엎드리게 됩니다. 하나님의 필요를 절박하게 깨닫고 주님과 더 깊은 관계를 맺기 위해 온 힘을 다할 것입니다.

주님이 친히 말씀하신 대로 이것이 바로 우리가 걸어야 할 길입니다.

> 내가 네 갈 길을 가르쳐 보이고 너를 주목하여 훈계하리로다(시 32:8).

19. 유혹에 대처하기

주님과 함께하는 여정 속에서 유혹도 우리가 맞닥뜨리게 될 매우 큰 문제입니다. 유혹을 만나면 매우 신중해야 합니다. 정면으로 맞붙어 싸우면 오히려 유혹의 강도만 높아지고 주님과의 친밀한 관계에서도 조금씩 멀어지기 때문입니다.

우리의 영혼은 언제든 그리스도와 친밀하게 사귀는 것을 세상에 둘도 없는 목적으로 삼아야 합니다. 그래야 언제 어디서 예기치 못한 상황이 발생해 외부 환경이나 죄의 충동으로 유혹을 당한다 해도 주님께로 돌아설 수 있습니다.

유혹에 대처하는 방법은 단순합니다.

어린아이가 무언가 보고 놀랐거나 무서울 때 어떻게 합니까? 달려들어 겨루기는커녕 제대로 쳐다보지도 못하고 엄마에게 달려갑니다. 엄마 품에 안긴 후에야 안도의 한숨을 쉽니다.

마찬가지로 우리도 유혹을 만나면 얼른 돌아서서 하나님께로 달려가야 합니다!

하나님이 그 성 중에 계시매 성이 흔들리지 아니할 것이라 새벽에 하나님이 도우시리로다(시 46:5).

우리는 약하고 약한 존재입니다. 아무리 애써도 연약할 수밖에 없습니다. 그런 우리가 적에게 달려들면 상처투성이가 되고 완전히 지고 말 것입니다.

유혹에 대처하는 또 다른 방법도 있습니다.

유혹이 다가오면서 의식이 흐트러지면 믿음을 가지고 그리스도의 임재 안에 머무십시오. 그러면 얼마 지나지 않아 힘이 생길 것입니다. 다윗은 이런 방법으로 힘을 얻고 환난을 버티어 냈습니다!

> 내가 여호와를 항상 내 앞에 모심이여 그가 나의 오른쪽에 계시므로 내가 흔들리지 아니하리로다 이러므로 나의 마음이 기쁘고 나의 영도 즐거워하며 내 육체도 안전히 살리니(16:8-9).

또 출애굽기에는 이렇게 기록되어 있습니다.

> 여호와께서 너희를 위하여 싸우시리니 너희는 가만히 있을지니라 (출 14:14).

20. 자아를 온전히 주님께 드리세요

이번에는 매우 중요하나 쉽게 지나칠 수 있는 기도의 한 요소에 대해 설명하겠습니다.

기도의 중요한 요소 중 하나가 깊은 내면의 예배라는 데 모두들 같은 의견일 것입니다. 주님을 향한 예배가 없다면 진정한 기도는 존재하지 않습니다. 그렇습니다. 진정한 기도의 핵심은 예배입니다.

그런데 예배만큼이나 본질적이고 필수적인 요소가 또 하나 있습니다. 이것이 있어야 진정으로 기도할 수 있고 예수 그리스도를 깊이 아는 지혜와 지식에 푹 잠길 수 있습니다. 이것 없이는 예수 그리스도를 깊이 만날 수 없고 우리를 향한 주님의 계획도 알 수 없습니다.

이 요소가 무엇일까요?

바로 자아를 포기하는 것입니다. 예수 그리스도를 깊이 체험하고 기도하는 데 자아포기는 빠질 수 없는 요소입니다.

여기서 또 한 번 기도의 범위가 넓어집니다. 진정한 기도란 자신을 철저히 포기하는 기도로서 하나님은 언제나 우리가 그러한 상태에 있기를 원하십니다.

사도 요한은 기도를 향, 즉 피워 올라 하나님께 흠향되는 향이라고 묘사했습니다.

> 또 다른 천사가 와서 제단 곁에 서서 금 향로를 가지고 많은 향을 받았으니 이는 모든 성도의 기도와 합하여 보좌 앞 금 제단에 드리고자 함이라(계 8:3).

주님께 나아와 그분의 임재 안에서 마음을 쏟아내십시오. 기도는 마음을 주님께 그대로 쏟아내는 것입니다. 사무엘상 1장 15절에서 사무엘의 모친 한나는 "여호와 앞에 내 심정을 통했

주님에게 마음을 쏟아내는 것은
자신을 완전히 주님께 드리는 행위입니다.

다"라고 말했습니다. 이처럼 주님에게 마음을 쏟아내는 것은 향을 피우는 것이고 그것은 또한 자신을 완전히 주님께 드리는 행위입니다.

베들레헴 마구간에 찾아간 동방박사 한 명이 아기 예수께 유향을 드린 장면에서도 기도의 한 면을 볼 수 있습니다.

기도란 무엇입니까? 기도는 사랑의 온기입니다. 아니 훈훈한 기운을 넘어 뜨겁게 녹여내는 강렬한 열기입니다! 기도는 영혼을 따듯하게 감싸고 녹여내며 북돋워 결국 하나님께로 이끌어줍니다. 영혼이 녹아내리면 사방에 감미로운 향기가 퍼지기 시작합니다. 사랑의 불꽃이 활활 타오를수록 향은 강렬하게 피어 오릅니다.

그 사랑은 우리 안에 존재합니다. 바로 우리 내면의 가장 깊은 곳에서 타오르고 있는 하나님을 향한 사랑입니다. 사방에 퍼지는 향, 강렬하게 피어오르는 불길 같은 사랑의 예를 아가서에서 찾아볼 수 있습니다.

> 왕이 침상에 앉았을 때에 나의 나도 기름이 향기를 뿜어냈구나(아 1:12).

이 장면을 좀 더 자세히 살펴보겠습니다.

먼저 본문에 나오는 침상은 우리의 존재, 즉 우리 영혼의 가장 깊은 곳을 뜻합니다. 영혼은 하나님이 거하시는 곳입니다. 내면에 계신 하나님과 동행하는 법을 배울 때 거룩한 임재에 영혼의 완악함이 녹는 것을 느끼게 될 겁니다. 그 순간 감미로운 향기가 터져 나오기 시작할 것입니다!

이제 아가서에 등장하는 왕, 즉 '사랑하는 자'를 봅시다. 왕은 신부의 영혼이 녹는 것을 보며 이렇게 말합니다.

몰약과 유향과 상인의 여러 가지 향품으로 향내 풍기며 연기 기둥처럼 거친 들에서 오는 자가 누구인가(아 3:6).

그렇다면 아주 중요한 질문을 하겠습니다. 어떻게 하면 우리의 영혼을 하나님께 올려드릴 수 있을까요?

자신을 하나님에게 완전히 내드리면 됩니다. 하나님의 거룩한 사랑에 자아가 완전히 깨지고 불타오를 때까지 내드리면 됩니다.

예수 그리스도를 깊이 경험하고 늘 순전히 그분과 함께하려는 사람은 반드시 자기를 포기해야 합니다. 자아를 완전히 무너뜨리고 불사를 때에야 절대 주권자이신 하나님을 영화롭게 할 수 있습니다.

> 주님의 능력은 위대하시다. 그리고 오직 겸손한 자만이 위대한 주님을 영화롭게 한다(외경).

자아가 완전히 무너질 때 비로소 우리는 최고의 실존이신 하나님을 알게 됩니다. 그러므로 자아의 영역에서 이루어지는 일들을 모두 그만두어야 합니다! 자아 안에 머물기를 포기함으로써 영원한 말씀이신 하나님의 영이 우리 안에 들어오실 수 있도록 해야 합니다.

자기 삶을 내려놓음으로써 주님이 오실 길을 열어드리는 것입니다! 우리가 죽어야만 주님이 사십니다!

이것은 실제로 가능한 일일까요? 물론입니다!

예수 그리스도께 나의 존재를 모두 내드림으로써 자아 안에서 살아가는 것을 그만두고 주님이 우리의 생명이 되시도록 할 수 있습니다.

이는 너희가 죽었고 너희 생명이 그리스도와 함께 하나님 안에 감추어졌음이라(골 3:3).

나를 간절히 구하는 자들아, 네 자신을 모두 내게 맡기라(외경).

나를 하나님께 어떻게 맡길 수 있을까요? 바로 내려놓음을 통해서입니다. 자아의 힘이 완전히 빠져야 하나님께 푹 잠길 수 있습니다. 그런데 그것은 기도와 어떤 관련이 있을까요?

자아의 소멸은 다름 아니라 참된 예배에서 비롯된 기도입니다. 이것이야말로 우리가 깊이있는 의미까지 완전하게 배워야 하는 기도요, 오직 하나님 한 분께만 "찬송과 존귀와 영광과 권능을 세세토록 돌리는"(계 5:13) 일입니다.

이런 기도가 진정으로 실재하는 기도입니다! 자아를 소멸한다는 것은 곧 "영과 진리로 예배하는 것"(요 4:23)입니다.

참된 예배는 '영으로' 하는 예배이며 자기 영혼을 소멸시키는 예배입니다. 영으로 예배할 때 우리는 우리 안에서 간구하시는 성령 하나님의 정결함과 연합하게 됩니다. 또 우리의 영혼이 주도하는 인간적인 기도를 거부하게 됩니다. 이제 우리는 하나님의 온전한 하나님 되심과 인간의 전무함이라는 실재 가운데 있게 됩니다.

진리는 오직 두 개, 전부(the All)와 전무(the Nothing)가 있을 뿐입니다. 그 밖의 것들은 거짓입니다. 하나님은 '전부'가 되시고 우리는 '전무'입니다. 전부이신 하나님을 영화롭게 할 수 있는 유일한 방법은 우리 자신을 전무로 소멸시키는 것입니다. 우리가 완전히 없어져야 비로소 하나님께서 들어와 일하십니다.

여기서 기억해야 할 자연법칙이 하나 있습니다. 주님은 물질이 전혀 존재하지 않는 공간, 즉 진공 상태를 절대 허락하지 않으십니다. 그래서 우리가 완전한 무(無)의 상태가 될 때 그곳을 주님 자신으로 채우십니다. 죽음으로 이끌었던 바로 그 공간을 주님이 자신으로 채우시는 것입니다.

자아를 소멸하는 것은 고통스러운 일일까요? 우리가 자아의 소멸을 통해 얻게 될 유익과 축복을 조금이라도 알 수 있다면 좋겠습니다. 살짝 맛만 봐도 더 이상 바랄 게 없을 것입니다. 이것이 바로 마태복음 13장 44-45절에 나오는 '감춰진 보화'요, '엄청난 값어치를 지닌 좋은 진주'입니다. 모든 소유를 팔아 밭을 몽땅 사들일 만큼 가치 있는 보화입니다. 영원히 목마르지

자아가 소멸할 때 우리는
영원히 목마르지 않을 생명수,
'영생하도록 솟아나는 샘물'을 얻게 됩니다.

않을 생명수, '영생하도록 솟아나는 샘물'입니다(요 4:14).

예수님께서 "하나님의 나라가 너희 안에 있다"(눅 17:21)라고 말씀하신 것을 기억합니까? 예수님의 이 말씀은 두 가지 면에서 진리입니다.

첫째, 하나님께서 우리의 스승이자 주인이 되어 우리가 아무 저항감 없이 그분의 다스림을 받아들일 때 하나님의 나라가 우리 안에 임합니다. 우리가 완전히 그분의 것이 되는 때입니다.

둘째, 하나님의 나라는 하나님을 소유한 사람 안에 있습니다. 하나님의 나라는 기쁨으로 충만하며, 우리의 궁극적인 목적은 살아가면서 하나님을 기뻐하는 데 있습니다. 하나님을 기뻐하는 것, 이것이 바로 우리가 창조된 궁극적인 목적입니다.

하지만 안타깝게도 이러한 사실을 깨닫는 사람은 정말 몇 명 되지 않습니다. 하나님의 다스림을 받는 사람이 이 세상을 다스립니다!

21. 침묵 속에서 성령님을 따라가세요

이 장에서는 그리스도를 체험하는 삶에서 침묵의 역할에 대해 살펴보겠습니다. 침묵은 그리스도를 보다 깊은 차원에서 체험하는 것과 매우 밀접한 관련이 있습니다.

그리스도인들 중에 '침묵 기도'라는 말을 한 번쯤 들어본 사람이 꽤 있을 것입니다. 보통 침묵 기도는 영혼의 민감한 반응과 활동을 지양하고 무감각한 상태로 있는 기도라고들 생각하지만 실제로는 그렇지 않습니다. 오히려 침묵 기도는 소리를 내서 하는 기도보다 더 강렬하고 광범위한 역할을 해냅니다.

입을 다물고 하는 기도가 어떻게 그럴 수 있을까요?

영혼은 고요한 침묵 가운데서도 역동적으로 움직일 수 있습니다. 영혼을 움직이는 주체가 다름 아닌 주님이시기 때문입니다. 영혼은 성령 하나님의 움직임에 반응하여 활동하게 됩니다.

무릇 하나님의 영으로 인도함을 받는 사람은 곧 하나님의 아들이라 (롬 8:14).

그러므로 '침묵 기도'는 모든 활동을 중지하는 것이 아닙니다. 오히려 우리의 혼(soul)이 영(spirit)에 의하여 움직이는 것을 의미합니다.

에스겔의 환상을 보면 이 원리를 더 생생하게 이해할 수 있습니다. 에스겔은 바퀴들과 생물들이 함께 움직이는 모습을 환상으로 보았습니다. 생물들이 가려고 하는 곳에 바퀴들도 따라갔습니다. 생물들이 멈춰서면 바퀴들도 멈추고 생물들이 땅에서 하늘로 올라가면 바퀴들도 곁에 바짝 붙어서 함께 올라갔는데 이는 생물들의 영이 바퀴들 가운데 있었기 때문입니다(겔 1:19-21).

침묵 기도에 들어간 영혼은 바로 이 바퀴들과 같습니다. 영혼은 원하는 대로 움직일 수 있고 혹은 깊은 무언가에 의해 움직일 때까지 기다릴 수 있습니다. 후자의 경우가 바로 에스겔 환상 속에 나오는 바퀴들과 비슷합니다. 생물들이 가는 곳이면 어디든 따라가는 바퀴들처럼 우리의 영혼도 내면에 있는 성령 하나님의 인도에 전적으로 순종해야 합니다. 성령 하나님의 움직임을 충실하게 따라 멈추고 기다리고 따라가기를 반복해야 합니다.

성령 하나님은 결코 자신을 높이는 분이 아님을 우리는 알고 있습니다. 반면 인간의 영혼은 타고난 본성을 좇아 자신을 높이려고 하지요. 그렇다면 성령님은 어떤 일을 하실까요? 그분은 궁극적인 목적, 즉 하나님과의 연합을 향하여 계속 앞으로 나아가십니다.

그러므로 기도할 때 우리의 영혼은 아무것도 하지 말고 오로지 성령 하나님의 움직임을 따라 궁극적인 목적을 향해 나아가면 됩니다!

에스겔 환상의 예를 통하여 침묵 기도가 영혼의 활동을 전부 멈춰버리는 것이 아님을 확실히 이해하셨나요? 침묵 기도 중에 있는 영혼은 성령님과 완벽하게 연합하여 함께 움직입니다.

그렇다면 '침묵 기도'를 좀 더 실제적인 측면에서 살펴보겠습니다. 우리는 침묵을 통해 어떻게 주님을 체험할 수 있을까요?

앞서 얘기했듯이 우리의 영혼은 성령 하나님과 상관없이 자의대로 움직일 때 타성에 젖거나 긴장에 휩싸이게 됩니다! 그러한 영혼의 기도에는 언제나 조바심과 분투가 동반됩니다.

사실 이것이 도움이 되기도 합니다. 적어도 영혼이 안간힘을 쓰며 제 기능을 하고 있다는 것을 자각하게 되니 말입니다.

하지만 우리의 존재 깊은 곳에 거하시는 성령 하나님을 따라 반응하며 움직인다면 모든 것이 아주 달라집니다. 자유롭고 편안하고 자연스럽게 움직이게 됩니다. 아무 노력을 기울이지 않아도 저절로 말입니다.

나를 넓은 곳으로 인도하시고 나를 기뻐하시므로 나를 구원하셨도다(시 18:19).

우리의 영혼이 내면을 향하고 마음이 성령 하나님에게로 고정된다면 그 순간부터 주님은 강력한 힘을 발휘하여 우리를 내면으로 끌어들이십니다. 그 힘은 매우 강렬해서 그 반대편의 피상적인 것으로 돌아가기가 거의 불가능할 정도입니다.

우리의 영혼이 성령 하나님께로 향하는 속도보다 빠른 것은 없습니다!

여기서 영혼은 활동하는 상태일까요? 그렇습니다! 매우 자발적으로 자연스럽고 평화롭게 움직이기 때문에 아무 힘도 들지 않는 것처럼 보일 뿐입니다!

바퀴가 천천히 굴러가면 돌아가는 모습이 다 보이지만 빨리 굴러갈수록 바퀴살이 보이지 않으며 그 움직임을 제대로 보기 어렵겠지요. 하나님 안에서 안식하는 영혼도 이와 같습니다. 우리의 영혼은 하나님 안에서 안식할 때 영적으로 활동하고 고양됩니다만 거기에 아무런 노력이 들지 않습니다. 평온으로 충만할 뿐입니다.

그러므로 영혼의 평안한 상태를 유지하십시오. 평온한 영혼일수록 중심에 계신 하나님에게 더 빨리 다가갈 수 있습니다.

이런 일이 어떻게 가능할까요? 우리의 혼(soul)은 영(spirit)의 지배를 받는데 그 방향을 제시하고 움직이는 분이 바로 성령 하나님(the Spirit)입니다. 우리를 내면으로 강하게 이끄는 주체가 바로 하나님 한 분이라는 것입니다. 하나님은 우리를 이끌어 그 분에게로 데려가십니다.

아가서에 나오는 처녀는 이 사실을 이해하고서 이렇게 말했습니다.

… 너는 나를 인도하라 우리가 너를 따라 달려가리라 …(아 1:4).

오, 제 존재의 한가운데 그 은밀한 근원에 계신 하나님, 저를 당신께로 이끌어주소서. 그리하시면 온 힘과 감각을 다해 당신을 따르겠나이다.

주님은 치유하는 기름처럼, 마음을 사로잡는 향처럼 아주 순전한 모습으로 우리를 끌어들이십니다. 그래서 아가서의 처녀는 이렇게 말했습니다.

네 기름이 향기로워 아름답고 네 이름이 쏟은 향기름 같으므로 처녀들이 너를 사랑하는구나(아 1:3).

주님, 주님에게서 피어나는 향기로 저를 불러들이소서. 그리하시면 주님께로 더 깊이 나아가겠나이다!

주님은 아주 강력한 힘으로 우리를 끌어들이십니다. 그 힘은 강렬하면서도 동시에 즐겁고 유쾌하며 감미롭기 때문에 우리는 영혼의 수고 없이 자유롭게 그분을 따르면 됩니다.

"너는 나를 인도하라 우리가 너를 따라 달려가리라"(아 1:4). 지금 아가서의 처녀는 자신의 영, 곧 자기 존재의 핵심에 대해 말하고 있습니다. 이끌림을 받는 것은 영입니다. 주님은 우리의 영에게 말씀하고 계십니다. 주님은 오직 주님만 거하시는 우리의 중심부를 끌어당기며 따라오라고 우리를 부르십니다. 그러므로 주님에게 가장 먼저 이끌림을 받는 것은 우리의 영입니다. 그 이끌림을 따라 가다보면 온 감각과 혼신의 힘을 다해 주님께로 향하게 될 것입니다.

"너는 나를 인도하라." 우리의 가장 중심부에 계신 주님께로 이끌릴 때 우리의 중심, 우리의 영이 주님과 하나가 됨을 보십시오.

"우리가 너를 따라 달려가리라." 우리의 모든 감각과 혼의 힘들이 중심부로 향하는 그 강력한 이끌림에 어떤 식으로 끌려 들어가는지 보십시오.

혼이 활동을 멈추거나 느릿하게 움직여야 한다고 말하는 게 아닙니다. 오히려 하나님을 전적으로 의존한 상태에서 역동적으로 활동하기를 바랍니다. 이것이 언제나 가장 우선되어야 합니다. "우리가 살며 기동하며 존재할 수 있는 것은 오직 주님을 힘입기 때문입니다"(행 17:28).

성령 하나님을 어린아이처럼 단순하고 겸손하게 의지하는 것이 무엇보다 중요합니다. 우리 안에 일부 되신 분을 지속적으로 의지하면 우리의 혼은 본래 창조된 목적에 따라 단순성과 통일성을 지니게 될 것입니다.

인간은 참으로 복잡다단한 존재인 까닭에 혼은 다양한 방향으로 움직이게 마련입니다. 그러므로 하나님의 단순성과 통일성을 지향하며 진정으로 자유로워지기 위해서는 이러한 움직임을 피해야 합니다. 창세기 1장 27절에 기록되었듯이 우리는 하나님의 형상대로 창조된 존재입니다.

주님은 아주 단순할 뿐 아니라 오직 한 분이십니다. 그럼에도 그분의 본질적인 성품에는 이루 말할 수 없는 다양성이 존재합니다. 성령 하나님과 연합하여 하나가 될 때 우리는 하나님의 통일성을 경험할 뿐 아니라 그분의 뜻을 다양한 방식으로 행할 수 있게 됩니다. 물론 하나님과 하나 된 상태를 그대로 유지한 채 말입니다. 오히려 그 연합을 깨지 않아야 하나님의 다양한 뜻을 수행할 수 있습니다.

이제 단순한 '침묵 기도'가 궁극적으로 우리를 어디로 이끄는지 알게 되었을 것입니다. 계속 이야기해봅시다.

자신을 성령 하나님의 인도하심에 맡기십시오. 우리의 영혼이 아니라 하나님을 계속 의지한다면 우리가 하는 모든 일은 그분에게 진정 가치 있는 일이 될 것입니다. 오직 하나님만 의지할 때 이 세상에서 우리가 하는 모든 일은 하나님과 그분의 역사에서 진정한 가치를 얻게 됩니다.

하나님은 이에 대해서 무엇이라고 말씀하셨습니까?

> 만물이 그로 말미암아 지은 바 되었으니 지은 것이 하나도 그가 없이는 된 것이 없느니라(요 1:3).

태초에 하나님은 말씀으로 자신의 형상을 따라 인간을 창조하셨습니다. 하나님은 영이십니다. 인간에게도 영을 주사 그 안에 들어와 친히 인간의 생명과 섞이셨습니다. 물론 이것은 인간이 타락하기 전의 이야기입니다. 타락한 뒤에는 인간의 영이 죽었고 하나님은 그 안으로 들어오실 수 없게 되었습니다. 다시 말해서 인간은 하나님의 생명과 형상을 더 이상 간직할 수 없게 되었습니다.

하나님께서 본래 의도했던 모습으로 인간을 회복시키려 하신다면 인간은 마땅히 그렇게 회복되어야 합니다. 그것은 명백한 사실입니다.

그렇다면 하나님은 인간의 영을 어떻게 회복시킬 수 있으셨을까요? 인간 안에 있는 하나님의 형상을 어떻게 회복시킬 수 있으셨을까요?

예수 그리스도를 통해서입니다. 인간의 영에 생명을 불어넣고 하나님의 형상을 회복하게 하실 수 있는 분은 오직 주 예수님이어야 했습니다. 예수 그리스도만 유일하게 하나님의 본래 형상이기 때문입니다. 그분만이 하나님의 생명을 인간에게 불어넣을 수 있습니다.

어떤 형상도 스스로 제 모습을 복구할 수 없습니다. 손상된 형상은 본래 그것을 만든 제작자의 손길에 수동적으로 맡겨질 수밖에 없습니다.

그렇다면 어그러진 형상을 복구하기 위해 우리가 해야 할 일은 무엇일까요? 그저 성령 하나님이 우리 안에서 온전히 일하실 수 있도록 자신을 전적으로 내드리면 됩니다. 그러면 예수 그리스도가 우리에게, 우리의 가장 깊은 곳에 찾아와 일하실 것입니다. 그분이 일하시도록 완전히 맡기십시오.

캔버스가 고정되어 있지 않으면 화가는 제대로 그림을 그릴 수 없습니다. 하나님도 마찬가지입니다. 우리의 자아가 움직일 때마다 하나님도 형상을 복구하는 데 어려움을 겪으실 것입니다. 예수 그리스도가 우리에게 새겨 넣으시려는 설계도면도 비뚤어질 것입니다. 그러므로 평안한 마음으로 잠잠하게 머물며 성령 하나님의 움직임에만 반응하시기 바랍니다.

예수 그리스도 안에는 생명이 있습니다(요 5:26). 그분만이 만물에 생명을 불어넣으실 수 있습니다.

성령 하나님께 전적으로 의지하고 영혼의 모든 활동을 철저

캔버스가 고정되어 있지 않으면
화가가 제대로 그림을 그릴 수 없듯이
하나님도 우리의 자아가 움직일 때마다
형상을 복구하는 데 어려움을 겪으실 것입니다.

히 부인해야 한다는 원리를 교회에서 찾아볼 수 있습니다.

교회를 보십시오. 교회의 영(the Spirit of the church)은 생명을 전하고 생명을 불어넣는 영입니다. 교회가 무력하고 황폐하며 열매가 없습니까? 아닙니다! 교회는 역동성이 넘치는 곳입니다. 여기서 역동성이라 함은 성령 하나님께 전적으로 의지하는 것을 말합니다. 성령 하나님께서 교회를 움직이고 교회에 생명을 불어넣으십니다.

성령 하나님을 전적으로 의지하는 것, 이것이 바로 교회를 움직이고 교회를 교회 되게 하는 원리입니다. 이와 동일한 원리가 우리 안에도 작용하고 있습니다! 교회에 작용하는 원리가 교회 구성원에게도 똑같이 적용되는 것입니다. 교회의 영적인 자녀가 되려면 먼저 성령 하나님에게 인도를 받아야 합니다.

우리 안에 계신 성령 하나님은 역동하시는 분입니다. 성령 하나님을 따를 때 우리의 삶에 생겨나는 역동성은 그 무엇보다 강력합니다.

역동성은 모름지기 그것의 발원지만큼이나 가치를 지니는 법입니다. 그러므로 성령 하나님을 따를 때 생겨나는 역동성은 무엇보다 존귀한 가치를 지닙니다. 하나님에게서 비롯된 것은 무엇이든 거룩합니다. 반면 자아에서 나온 것은 아무리 그럴듯해 보여도 지극히 인간적인 차원, 자아의 차원에 머물 뿐입니다.

주님은 오직 주님 자신만이 생명을 갖고 있다고 말씀하셨습니다. 주님 외에 모든 피조물은 '빌린' 생명일 뿐입니다. 주님은 자신 안에 생명을 가지고 계십니다. 주님 안에 있는 그 생명은 주님의 성품과 부합하며 우리에게 주시려는 고유한 생명입니다. 주님은 우리에게 그 거룩한 생명을 줄 뿐만 아니라 우리가 우리의 영혼 대신 주님의 생명을 따라 살기 원하십니다.

그러므로 우리는 영혼, 즉 자신의 역동성을 부인하기 위해 물러날 수 있어야 합니다. 하나님의 생명이 우리 안에 머물러 살 수 있는 자리를 마련해드리기 위한 가장 좋은 방법은 옛 아담의 생명을 버리고 자아의 활동을 중단하는 것입니다.

왜 그렇게 해야 할까요? 우리가 받고 있는 생명은 하나님의 생명, 곧 하나님께서 살아가시는 바로 그 생명이기 때문입니다! 바울은 다음과 같이 말했습니다.

> 그런즉 누구든지 그리스도 안에 있으면 새로운 피조물이라 이전 것은 지나갔으니 보라 새 것이 되었도다(고후 5:17).

하지만 거듭 말씀드립니다. 이것을 실제로 체험하기 위해서는 매순간 자아와 자아의 활동을 모두 내려놓고 하나님께서 일하시도록 자리를 내드리는 길밖에 없습니다.

말했다시피 '침묵 기도'는 움직임을 금하는 기도가 절대 아닙니다. 오히려 움직임, 즉 영혼의 거룩한 활동을 일깨우는 기도입니다. 침묵 기도가 자제하는 것은 우리 영혼의 저차원적인 활동입니다. 진정한 침묵 기도를 하려면 하나님께 전적으로 의지하고 그분에게 자리를 내드려야 합니다. 성령 하나님은 우리의 동의를 받은 뒤에야 비로소 우리 자리를 대신해 일하십니다.

물론 하나님께 동의를 표하려면 우선 우리의 활동을 멈춰야 합니다. 그러다보면 점차 하나님께서 우리를 대신해 활동하는 범위가 완전에 가까워질 것입니다.

이에 대한 아름다운 예가 복음서에 등장합니다. 마르다를 기억합니까? 그녀는 마땅히 해야 할 일을 하고 있었는데 왜 예수님에게 꾸지람을 들었을까요? 이유는 한 가지, 마르다가 내면에 계신 성령님의 움직임을 따르지 않고 자신의 힘으로 일했기 때문입니다.

우리 인간의 영혼에는 참다운 안식이 없다는 사실을 기억해야 합니다. 분주하고 소란하게 움직이는 것 같지만 실상 이뤄내는 게 거의 없습니다. 주님은 마르다에게 말씀하셨습니다.

마르다야 마르다야 네가 많은 일로 염려하고 근심하나 몇 가지만 하든지 혹은 한 가지만이라도 족하니라 마리아는 이 좋은 편을 택하였으니 빼앗기지 아니하리라(눅 10:41-42).

마리아가 택한 편은 무엇이었습니까? 마리아는 예수님의 발 아래 앉아 평온하게 쉬기를 선택했습니다. 예수님을 자신의 생명으로 삼기 위해 자아로 살아가기를 중단한 것입니다.

마리아와 마르다의 이야기를 통해 우리는 예수님을 따르기 위해 자아와 자아의 활동을 완전히 부인하는 것이 얼마나 중요한지 깨달을 수 있습니다. 주님의 영에 인도받지 않고서는 절대 주님을 따라갈 수 없습니다.

"주와 합하는 자는 한 영이니라"(고전 6:17)고 바울이 말한 것처럼 주님의 생명이 우리 안에 들어오기 위해서는 먼저 우리의 생명을 비워야 합니다.

"하나님께 가까이 함이 내게 복이라 내가 주 여호와를 나의 피난처로 삼아 주의 모든 행적을 전파하리이다"(시 73:28)라는 말씀에서 보듯이 다윗은 주님에게 다가가 그분을 신뢰하는 것이 얼마나 복된 일인지 말했습니다. 여기서 "하나님을 가까이 함"이란 무엇을 의미할까요?

하나님께 가까이 다가가는 것은 사실 그분과 연합하기 위한 첫걸음이라고 할 수 있습니다.

우리는 이번 장 초반부에서 침묵 기도에 관해 말했습니다. 주님에게 협력하며 그분을 따라가는 방법에 대해서도 이야기했습니다. 이제 마지막으로 주님을 깊이 만나는 궁극적인 단계, 즉 그분과의 연합에 대해 이야기할까 합니다.

주님과 연합하는 과정은 시작과 진행, 성취, 완성 네 단계로 나뉩니다(연합 경험은 이 책의 마지막 부분에서 다루겠습니다).

하나님과 연합하는 경험은 아주 간단하게 시작됩니다. 하나님을 향한 사모함이 우리 안에서 움틀 때 이미 우리는 그분과 연합하는 과정에 발을 내디딘 셈입니다.

그렇다면 하나님을 향한 마음이 움트는 때는 언제일까요? 바로 우리의 영혼이 내면을 향하여 성령 하나님의 생명을 구할 때, 강력한 자석처럼 우리를 이끄는 성령 하나님의 영향력 아래에 엎드릴 때입니다. 바로 이때 하나님과 연합하고자 하는 소원이 싹트기 시작합니다!

일단 영혼이 내면에 계신 성령 하나님께로 향했다면 조금씩 그분에게 다가가십시오. 이러한 다가감이 바로 연합을 위한 과정입니다. 이 과정을 거치고 나면 우리의 영혼은 하나님과 하나가 됩니다. 그리고 하나님을 떠나 정처 없이 방황하던 영혼은 비로소 본래 창조된 곳으로 돌아옵니다!

우리는 이 영역까지 들어와야 합니다. 이것이 바로 우리 안에서 하나님이 일하시는 궁극적인 목적이기 때문입니다.

> 누구든지 그리스도의 영이 없으면 그리스도의 사람이 아니라(롬 8:9).

그리스도의 온전한 소유가 되기 위해서는 자아의 생명을 비우고 성령으로 충만해져야 합니다. 바울은 성령에게 사로잡히는 것이 얼마나 중요한지 다음과 같이 말했습니다.

> 무릇 하나님의 영으로 인도함을 받는 사람은 곧 하나님의 아들이라 (롬 8:14).

성령 하나님은 실재합니다! 우리를 하나님의 자녀로 만드는 영은, 우리 안의 깊은 곳에서 하나님의 일을 행하시는 바로 그 영입니다.

> 너희는 다시 무서워하는 종의 영을 받지 아니하고 양자의 영을 받았으므로 우리가 아빠 아버지라고 부르짖느니라(롬 8:15).

우리 안에서 일하시는 영은 누구일까요? 바로 예수 그리스도의 영입니다. 이 영 덕분에 우리는 하나님의 자녀 되는 권세를 얻었습니다.

> 성령이 친히 우리의 영과 더불어 우리가 하나님의 자녀인 것을 증언하시나니(롬 8:16).

이처럼 위대한 분의 인도에 자신을 내드린다면 우리는 하나님의 자녀가 되었다는 확신을 마음속 깊이 갖게 됩니다. 더 나아가 "종의 영이 아니라 양자의 영을 받았다"(롬 8:15)는 기쁨도 덤으로 누리게 될 것입니다. 주님과 동행하는 여정에서 이러한 경험을 하게 될 것을 기대하십시오. 우리는 평온하고 자유롭게, 게다가 분명한 확신과 능력을 가지고 행동하게 될 것입니다.

내면 깊은 곳에서 일하시는 성령님은 우리의 모든 동력을 제공하는 원천이어야 합니다. 거듭 말씀드리지만 가시적이거나 피상적인 움직임이든, 내면에서 은밀하게 일어나는 움직임이든 모든 활동은 성령님의 일하심에서 비롯되어야 합니다.

바울은 로마서에서 이러한 사실을 잘 설명하고 있습니다. 우리가 기도한다고 하지만 무엇을 위해 기도해야 하는지 모르고 있다며 기도의 주체는 바로 성령 하나님이 되어야 함을 강조하고 있습니다.

> 이와 같이 성령도 우리의 연약함을 도우시나니 우리는 마땅히 기도할 바를 알지 못하나 오직 성령이 말할 수 없는 탄식으로 우리를 위하여 친히 간구하시느니라(롬 8:26).

바울이 말하는 바는 분명합니다. 우리는 무엇이 필요한지조차 모른다는 것입니다. 설혹 안다고 해도 어떻게 기도해야 하는지 모른다는 것입니다! 하지만 우리 안에 거하시는 성령 하나님은 우리가 무엇을, 어떻게 기도해야 하는지 알고 계십니다. 우리를 받으신 그 하나님께서 모든 것을 알고 계십니다!

이것이 사실이라면 성령 하나님께서 우리를 대신해 말할 수 없는 탄식을 쏟아내시도록 허락해야 하지 않을까요?

우리는 늘 확신을 가지고 기도할 수 없지만, 성령님께서 하시는 기도를 하나님은 언제나 들으십니다. 예수님도 "항상 내 말을 들으시는 줄을 내가 알았나이다"(요 11:42) 하고 말씀하지 않았습니까? 성령님께 기도의 자리를 내드리며 우리를 위해 중보하시도록 허락한다면 우리 안에서 성령님이 하시는 기도는 '언제나' 하나님께 상달됩니다!

어떻게 확신할 수 있냐고요?

영성의 대가이자 위대한 신비주의자 바울의 말을 들어보십시오.

마음을 살피시는 이가 성령의 생각을 아시나니 이는 성령이 하나님의 뜻대로 성도를 위하여 간구하심이니라(롬 8:27).

성령님은 오직 하나님의 뜻을 따라 기도하십니다! 전적으로 하나님의 뜻 앞에 엎드려 그분의 뜻만을 위해 기도하십니다.

하나님의 뜻은 우리가 구원을 받아 완전함에 이르는 것입니다. 그러므로 성령님은 우리가 완전함에 이르는 데 필요한 모든 것을 위해 중보하고 계십니다.

성령님이 우리에게 필요한 모든 것을 돌봐주시기 때문에 우리는 더 이상 쓸데없는 염려와 불안으로 힘들어할 필요가 없습니다. 하나님의 안식에 들어가는 것을 방해하는 그 많은 짐을 왜 짊어지려고 합니까?

주님은 자신에게 모든 염려를 맡기라고 당부하셨습니다. 긍휼이 풍성한 주님은 비본질적인 것들을 얻기 위해 우리가 왜 그토록 많은 힘과 자원을 낭비하는지 안타까워하셨습니다. 우리 영혼의 본질적인 소원들을 쉽게 채우실 수 있는데 말입니다.

너희가 어찌하여 양식이 아닌 것을 위하여 은을 달아 주며 배부르게 하지 못할 것을 위하여 수고하느냐 내게 듣고 들을지어다 그리하면 너희가 좋은 것을 먹을 것이며 너희 자신들이 기름진 것으로 즐거움을 얻으리라(사 55:2).

이처럼 하나님의 음성을 듣고 기뻐하는 법을 배우십시오! 주님의 말씀을 듣는다면 우리의 영혼은 말할 수 없이 강건해질 것입니다.

모든 육체가 여호와 앞에서 잠잠할 것은 여호와께서 그의 거룩한 처소에서 일어나심이니라(슥 2:13).

주님이 나타나시면 모든 것을 멈춰야 합니다. 주님은 우리에게 온전한 포기, 그 무엇에도 방해받지 않는 포기를 요구하십니다. 우리는 하나님의 특별한 보살핌 가운데 있기 때문에 아무것도 두려워할 필요가 없으며 주님은 계속 이 점을 우리에게 확신시키고 계십니다.

여인이 어찌 그 젖 먹는 자식을 잊겠으며 자기 태에서 난 아들을 긍

휼히 여기지 않겠느냐 그들은 혹시 잊을지라도 나는 너를 잊지 아니할 것이라(사 49:15).

 말할 수 없는 평안과 위로가 느껴지지 않는지. 누가 이 말씀을 듣고 나서 하나님 앞에 자신을 내드리는 것에 두려움을 느낄까요?

part 5

그리고
영원한 새봄

 *A Method of Prayer*

22. 주님 안에 영원히

이번 장은 영적 경험에 대한 이야기로 시작하겠습니다. 영적 경험은 간단히 외부적인, 즉 피상적인 것과 존재 깊은 곳에서 일어나는 내적인 것, 두 가지로 나뉩니다. 우리의 활동과 행위들도 그렇게 외적인 것, 내적인 것으로 나뉩니다.

외적인 활동이란 겉으로 보이는 활동으로 대체로 물리적인 것들과 관계가 있습니다. 여기서 알아두어야 할 것은 외적 영역의 활동에서 진정한 선(善)이나 영적 성숙, 그리스도와의 만남 같은 일들을 거의 찾아볼 수 없다는 사실입니다.

물론 예외는 있습니다. 같은 외적 활동이라도 그것이 내면 깊은 곳에서 일어난 것의 부산물이라면 영적 가치와 참된 선을 지니고 있습니다. 외적 활동을 일어나게 한 내적 활동이 무엇이냐에 따라 영적인 가치가 정해집니다.

그러므로 우리가 가야 할 길은 분명합니다. 존재의 가장 깊은 곳에서 일어나는 활동, 즉 성령 하나님의 움직임에 의식을 온통 집중하는 것입니다. 성령님은 내적인 분이지 외적인 분이 아닙니다. 우리는 외부의 잡다한 행위들과 방해 요소에서 시선을 돌려 우리의 영혼 안으로 향해야 합니다.

내적 활동은 우리 영혼 안에 계신 예수 그리스도에게로 의식을 돌리면서 시작됩니다. 그러므로 계속 내면을 향하며 하나님을 바라보십시오. 하나님만 의식하며 하나님께만 온 힘을 쏟으십시오. 마음에서 일어나는 모든 활동들을 하나님의 거룩함 안에 다시 하나로 모으십시오(외경).

다윗은 시편에서 이를 잘 표현하고 있습니다. "나의 힘이신 주님… 내가 주님만을 바라봅니다"(시 59:9, 표준새번역).

어떻게 하라는 이야기입니까? 우리 안에 언제나 거하시는 하나님 그분을 간절히 바라보라는 것입니다.

이사야는 "이 일을 마음에 두라"(사 46:8)고 말합니다(원서에서는 'Return to your heart', 즉 "네 마음으로 돌아오라"고 말하고 있다-편집자 주). 모든 인간이 죄를 지으며 자신의 마음을 등지고 말았는데, 이 마음이야말로 하나님께서 유일하게 원하시는 것입니다.

> 내 아들아 네 마음을 내게 주며 네 눈으로 내 길을 즐거워할지어다 (잠 23:26).

온 마음을 하나님에게 드리는 것은 무슨 의미일까요? 그것은 영혼의 모든 에너지를 언제나 하나님에게만 쏟는다는 것입니다. 이렇게 함으로써 우리는 하나님의 뜻에 부합한 삶을 살게 됩니다.

이러한 여정에 처음 발을 디딘 사람이라면 아직 영혼의 힘이 강하지 못할 것입니다. 자꾸만 외부의 물질적인 것들에 기울어져 중심에 계신 그리스도에게로 향하기가 쉽지 않을 것입니다.

마음을 산만하게 만드는 것들에 굴복해 우리의 삶을 피상적인 것들로 채워 가면 갈수록 우리는 하나님과 멀어질 수밖에 없습니다. 그러니 하나님께 돌아가는 방법도 그분과 얼마나 멀리 떨어져 있는가에 따라 결정해야 할 것입니다. 우리가 곁길로 약간 엇나간 상태라면 그만큼만 돌이키면 됩니다.

주님에게서 떨어져 있음을 자각하는 순간 우리는 의도적으로 내면을 향하여 살아 계신 하나님에게 의식을 집중해야 합니다. 영혼으로 다시 들어가십시오. 우리가 진정으로 소속된 그곳으로 어서 돌아가십시오. 방향을 정확하게 틀수록 주님을 향한 돌이킴도 그만큼 완전해집니다. 주 예수 그리스도에게 의식을 집중하는 한 우리는 하나님 안에 머물러 있음을 확신하며 안식하게 될 것입니다. 우리를 그곳에 머물도록 붙드는 게 무엇입니까? 단순하고 진솔한 마음으로 하나님을 향할 때 돌이키는 그 강력한 힘이 우리를 그곳에 붙들어줍니다.

마음이 흐트러질 때마다 주님에게로 돌아가는 단순한 과정을 반복하십시오. 반복된 과정이 일관된 경험으로 자리 잡을 것을 확신하십시오.

그때까지 우리는 무엇을 해야 할까요? 마음이 산만해질 때마다 주님에게 돌아가고 또 돌아아가야 합니다. 무엇이든 반복하면 습관이 들게 마련입니다. 우리의 영혼도 마찬가지입니다.

주님에게 돌아가기를 수없이 반복하면 그것이 영혼의 습관으로 자리 잡게 됩니다.

다시 말해 그리스도 안에서 전진하면 할수록 우리는 떠났다 돌아오기를 반복하지 않고 그분과 더 많은 시간을 함께하게 될 것입니다. 주님에게서 멀어지거나 외부로 의식을 향하는 빈도가 줄어들 것입니다. 주님께 돌이키는 것이 의식적인 행동으로 표출되지 않고 내면에서 이뤄지게 될 것입니다.

어쩌다 한 번씩 시작한 일이라도 일부러 여러 번 반복하다보면 어느새 자동으로 일어나 습관처럼 되기 쉽습니다. 주님과 지속적으로 머무르는 내적인 행위는 우리 안에서 시작됩니다.

여기서 '지속적이고 내적인 머무름'이란 무엇을 말할까요? 우리 안에 계신 하나님을 향해 지속적으로 나아간다는 것은 그분의 임재 안에 이미 머무르게 되었다는 의미입니다. 이미 우리는 영혼의 방에서 그리스도와 함께 머물러 있기 때문에 그분께로 방향을 돌이킬 필요가 없습니다. 주님과 함께하는 시간을 방해받았을 때에만 방향 전환을 시도하면 됩니다.

영혼의 방에서 주님과 함께 거하는 영적 단계에 있다면 외부

마음이 흐트러질 때마다 주님에게로
돌아가는 단순한 과정을 반복하십시오.
수없이 반복하면 보면 어느새
영혼의 습관으로 자리 잡게 됩니다.

의 수단을 동원하여 그분에게로 돌아가려고 애쓰지 마십시오. 내적인 머무름을 이미 경험하고 있는 사람은 의도적인 외적 행위로는 방향을 돌리기 어렵다는 걸 알 것입니다. 이미 내적으로 주님을 향해 있으므로 어떤 외적 행위를 한들 주님과의 연합에서 멀어질 뿐입니다.

내면에서 돌아서는 행위가 일어나는 것, 그것이 우리의 목표입니다. 그런 일은 우리가 영혼 안에 지속적으로 머물고 주님과 꾸준히 사랑을 주고받는 모습으로 나타날 것입니다. 목표가 일단 이루어지면 더 이상 외적 행위들로 그 일을 추구할 필요가 없습니다. 주님을 사랑하기 위해 혹은 그분에게 사랑받기 위해 행했던 외적인 일들을 더 이상 기억하지 않아도 됩니다. 지금 모습 그대로 나아가십시오. 그저 지속적인 내적 머무름을 통해 하나님께로 가까이 나아가면 됩니다.

하나님이 우리를 사랑하시는 사랑을 우리가 알고 믿었노니 하나님은 사랑이시라 사랑 안에 거하는 자는 하나님 안에 거하고 하나님도 그의 안에 거하시느니라(요일 4:16).

지속적으로 하나님을 향해 있는 이는 하나님의 사랑과 하나님 안에 거하는 사람입니다. 그는 안식을 누립니다. 여기서 안식은 지속적인 내적 머무름 안에서 누리는 안식을 의미합니다.

그렇다면 안식하는 영혼은 수동적일까요? 아닙니다. 안식하고 있지만 그것은 결코 수동적으로 머물러 있는 상태를 말하지 않습니다. 그렇다면 안식 가운데 어떠한 능동성이 존재할까요? 우리는 하나님의 사랑 가운데 머무는 행위를 하면서 안식하고 있는 것입니다. 그것을 가리켜 능동성이라고 할 수 있을까요? 그렇습니다. 영혼 내부에서 어떤 행위가 계속되고 있으니까요. 그것은 하나님에게 잠겨드는 감미로운 활동입니다.

내부로 끌어들이는 힘은 자석처럼 점점 강해집니다. 사랑 안에 거하는 영혼은 강력한 이끌림을 받으며 그 사랑 안으로 점점 깊이 빠져듭니다.

내적 활동은 우리 영혼이 처음 내면을 향했을 때보다 훨씬 더 역동적으로 일어납니다. 우리를 끌어들이시는 하나님의 강력한 힘 아래에서 더욱 그러합니다. 이처럼 내적 활동의 강도가 달라지는 이유는 처음엔 겉으로 드러나게 움직이다가 점차 내부에서 깊고 은밀하게 활동이 이뤄지기 때문입니다.

하나님께 전적으로 자신을 포기한 그리스도인, 즉 이러한 내적 활동이 내부에서 지속적으로 이뤄지고 있는 그리스도인은 이 모든 것을 조금도 의식하지 못합니다! 그의 모든 활동들이 이미 하나님을 향하여 내부에서 직접 이뤄지고 있어 겉으로는 조금도 드러나지 않기 때문입니다.

이런 상태를 경험한 그리스도인들이 "나는 아무것도 한 게 없다. 내 안에서 무슨 활동이 일어나거나 의식이 전환된 게 없다"라고 말하는 이유가 바로 여기에 있을 것입니다.

하지만 그들은 본의 아니게 자신의 내적 상태를 제대로 이해하지 못하고 있는 셈입니다. 사실 하나님에게 끊임없이 향하던 때보다 훨씬 역동적인 상태에 있으니 말입니다.

그러므로 정확하게 이야기하자면 '내부에서 아무런 활동이 일어나지 않았다'가 아니라 '뚜렷한 움직임을 느끼지 못했다'라고 하는 편이 맞습니다. 물론 방향을 돌이킬 필요가 없었으니 자의로 아무런 활동을 하지 않았다는 말이 틀린 것만은 아니지만, 그들은 분명 이끌림을 받고 그 힘에 따라 움직였습니다. 그들을 끌어당긴 힘은 바로 사랑입니다.

우리가 깊이를 가늠할 수 없을 만큼 거대한 바다에 빠졌다면 바다 밑으로 끝없이 빠져들 것입니다. 지속적인 머무름에 있는 그리스도인도 마찬가지입니다. 비록 의식하지 못해도 그는 한없이 깊은 하나님의 사랑에 끊임없이 빠져들고 있는 것입니다.

이제 이번 장을 통해 몇 가지 결론을 끌어낼 수 있습니다.

첫째, 하나님께로 돌이키는 행위를 한 적이 없다고 말하지 맙시다. 사실 우리 각 사람은 내면을 향하고 있습니다. 다만 어떤 방식으로 향하고 있는가의 문제입니다. 사람마다 내면을 향하는 방식은 다를 테니까요.

여기서 초신자가 범하기 쉬운 오류가 있습니다. 초신자들은 하나님과 함께 거하려는 열망을 품고 내면으로 의식을 돌리면서 당연히 주님의 임재를 느끼고 그분을 외적으로 경험할 수 있으리라 기대합니다.

하지만 그런 일은 항상 일어나는 것은 아닙니다.

외적인 경험은 초보자를 위한 것입니다! 어느 정도 영적 진보를 이룬 그리스도인에게는 좀 더 깊고 내면적인 경험이 기다리고 있습니다.

그렇다고 외적으로 느끼는 주님의 임재를 거부해야 할까요? 절대 그렇지 않습니다! 다만 외적 경험이 내적 경험보다 다소 피상적이고 가치가 덜하다는 점을 말하고 싶을 뿐입니다. 외적 경험에만 머문다면 보다 성숙한 그리스도인이 누리는 차원 높은 경험을 놓치는 셈입니다. 하지만 신앙생활을 한 지 얼마 되지 않은 초신자가 그리스도의 임재를 외적으로 경험하지 못한 채 내면의 깊은 수행을 시도하는 것은 분명히 매우 위험한 일입니다.

전도서 기자는 "범사에 기한이 있고 천하만사가 다 때가 있다"(전 3:1)라고 말했습니다. 이것은 우리의 영혼에도 동일하게 적용되는 말씀입니다. 영혼이 변화되는 과정에는 시작과 진행, 완성이라는 단계가 있습니다. 과정 중 어느 한 단계에 머무르는 것은 어리석은 일입니다. 배움의 기간을 채워야 성장할 수 있습니다. 처음에는 더디고 힘겨운 수고를 들여야 하지만 마침내 열매를 거두게 될 것입니다!

예를 하나 들어보겠습니다. 선원들은 항해를 시작하면서 우선 부둣가로부터 배를 떼어놓고 뱃머리를 바다로 돌리기 위해

온 힘을 쏟습니다. 그러다 일단 항구를 벗어나 바다에 배를 띄우면 그때부터 어느 방향으로든 움직이기 훨씬 수월해집니다.

하나님에게 방향을 돌리기 시작한 우리도 마찬가지입니다. 우리는 항구를 떠나는 배와 같습니다. 처음엔 죄와 자아에 단단히 묶여 있는 탓에 수차례 시도해야 간신히 방향을 돌릴 수 있었습니다. 하지만 우리를 옭아매고 있는 밧줄이 결국에는 풀려야 할 것입니다!

내면으로 계속 방향을 돌리십시오! 번번이 실패하더라도, 주의를 산만하게 하는 것들이 도처에 널려 있더라도 포기하지 마십시오! 굳은 각오로 성실하게 방향 전환을 끊임없이 시도한다면 자아라는 항구에서 점점 벗어나게 될 것입니다. 항구를 뒤로 한 채 하나님과 함께 머무는 내면의 자리로 향하는 것입니다. 그곳이 바로 우리의 종착지이기 때문입니다.

일단 항구를 떠난 배는 어떻게 됩니까? 항구에서 멀어질수록 점점 깊은 바다 한가운데로 들어가고 움직이기가 수월해집니다. 마침내 돛을 사용할 수 있는 시간이 찾아옵니다. 쓸모없는 노들은 한 켠에 치워두고 돛에 바람을 실어 빠른 속도로 움직이게 됩니다.

이때 조타수는 무슨 일을 합니까? 돛을 펼치고 키를 잡습니다. 배가 드넓은 바다에 들어선 후 조타수가 할 일은 빠르게 움직이는 배가 항로를 벗어나지 않도록 키를 부드럽게 잡는 것뿐입니다.

'돛을 펼친다는 것'은 단순한 기도로 우리 자신을 하나님께 맡겨드리는 것을 말합니다. 즉 성령 하나님을 따라 움직이는 것입니다.

'키를 잡는다는 것'은 항로에서 이탈하지 않도록 자신의 마음을 다잡는 것입니다. 본래 가야 하는 길을 부드럽게 일깨우는 것이지요. 우리는 성령 하나님의 움직임에 따라 마음의 항로를 분명하게 지시할 수 있습니다.

우리가 하나님께로 움직이기 시작하면 하나님은 우리의 마음을 차츰차츰 자신의 것으로 만들어 가십니다. 부드러운 산들바람이 돛에 실리면서 배가 조금씩 앞으로 나아가듯 하나님은 고요하게 우리의 마음을 소유하실 것입니다.

바람이 정해진 방향대로 순조롭게 불면 조타수는 가만히 키를 잡고 휴식을 취합니다. 바람의 움직임에 배를 내맡긴 채 편안히 쉬는 것입니다. 별다른 수고를 들이지 않아도 힘차게 바닷 길을 가르며 앞으로 나아가는 배를 그려보십시오!

처음엔 부둣가에 정박해놓은 배를 바다에 띄우려고 온 힘을 쏟지만 일단 배가 바다에 진입하면 선원들은 힘들이지 않고도 많은 거리를 항해할 수 있습니다. 이때 노를 저으면 오히려 배의 속도가 떨어지고 선원들은 피곤할 수 있습니다. 노는 더 이상 쓸모가 없습니다.

지금까지 우리의 내적 항로가 어떠해야 하는지 살펴보았습니다. 하나님께서 우리를 움직여주신다면 우리의 힘으로 해보려고 수차례 반복했을 때보다 훨씬 멀리 나아갈 수 있습니다.

이 길을 선택해보십시오! 그러면 이 길이 세상에서 가장 쉬운 길임을 알게 될 것입니다.

23. 그리스도의 일꾼들에게 당부합니다

이 책을 마무리하기 전에 특별히 복음을 전하는 일에 힘쓰고 있는 사역자들에게 몇 마디 권면을 드리고 싶습니다.

지금 이 시간에도 '잃어버린 영혼들'을 그리스도에게 인도하려고 애쓰는 그리스도인들을 주변에서 많이 볼 수 있습니다.

잃어버린 영혼을 회심시킬 수 있는 가장 좋은 방법은 무엇일까요? 또 회심한 영혼들이 그리스도의 완전함에 이르도록 도와줄 수 있는 가장 좋은 방법은 무엇일까요?

그것은 바로 마음으로 다가가는 것입니다. 회심 직후에는 진정으로 기도하는 방법, 그리스도를 내면 깊이 체험하는 법에 대해 이야기해준다면 상당수가 진정한 제자로 거듭날 것입니다.

한편 회심자의 삶에서 일어나는 문제들을 피상적으로 다루어보았자 별다른 성과가 없음을 알게 될 것입니다. 이제 막 그리스도인이 된 사람에게 온갖 종교적 규율이나 기준을 짊어지게 한다면 그는 그리스도 안에서 제대로 성장할 수 없을 것입니다. 그리스도를 영접한 사람은 마땅히 하나님께로 인도되어야 합니다.

어떤 방법으로 그렇게 할 수 있을까요? 우선 예수 그리스도께로 돌아서서 그분에게 온 맘을 드리는 법부터 배워야 합니다.

새 신자를 담당하고 있는 사역자라면 우선 예수 그리스도를 아는 참된 내면의 지식을 전해주십시오. 그 지식은 각 사람의 삶에 놀라운 변화를 가져다줄 것입니다!

이를테면 농부는 온종일 밭을 갈면서도 하나님의 임재 가운데 있는 축복을 누릴 겁니다. 양치는 목자는 들판에서 양떼를 돌보면서도 초대교회 그리스도인들이 그러했듯이 주님에게 자신을 온전히 내드리는 사랑을 고백할 것입니다. 공장에서 쉴 새 없이 걷 사람, 곧 육체를 써야 하는 노동자도 그 속사람은 날로 강건하고 새로워질 것입니다.

어디에서 무슨 일을 하든지 그리스도에 대한 참된 지식을 소유한 사람은 죄를 멀리한 채 오직 그리스도를 알고 체험하기로 결심하게 됩니다.

사실 오랫동안 신앙생활을 했든 이제 막 신앙을 갖게 되었든 그리스도를 향해 나아가고자 할 때 가장 중요한 것은 마음입니다. 일단 하나님에게 마음이 사로잡히면 그 밖에 다른 것은 저절로 이뤄집니다. 그래서 하나님께서 우리 한 사람 한 사람에게 마음을 요구하시는 것입니다.

우리의 죄가 소멸될 수 있는 유일한 길은 주님께 마음을 드리는 것입니다. 그리스도께 마음이 사로잡힐 때 평화로운 통치가 이루어지고 온 교회가 새로워질 수 있습니다.

초대교회가 왜 생명력과 아름다움을 잃게 되었을까요? 바로 예수 그리스도와의 깊고 내면적인 영적 관계를 잃어버렸기 때문입니다. 이는 다시 말해서 주님과의 내적 관계가 회복될 때 교회도 회복될 수 있음을 보여줍니다.

이렇게 해서 모든 문제가 해결되는 것은 아닙니다. 오늘날 많은 기독교 지도자들은 주님의 자녀들이 교리적 오류에 빠질

우리의 죄가 소멸될 수 있는
유일한 길은 주님께
마음을 드리는 것입니다.

까 봐 매우 염려하고 있습니다. 하지만 예수 그리스도의 살아 계심을 믿으며 그분에게 더 가까이 나아가는 성도는 그러한 오류에 빠질 염려가 없습니다. 이제 막 신앙을 갖게 된 사람에게 필요한 건 그를 그리스도에게 이끌어주며 곁에서 도와줄 사람입니다. 물론 주님에게 등을 돌린다면 온종일 교리에 대한 소모적인 논쟁만 벌일 테고 그런 사람은 구제할 방법이 없습니다. 논쟁은 혼란만 더할 뿐이니까요.

초신자뿐 아니라 대부분의 그리스도인들은 예수 그리스도와 깊고 영적인 관계를 잃어버릴 때 심각한 곤경에 처하게 됩니다.

우리가 새 신자를 담당하고 있다면 언젠가 하나님 앞에서 우리가 맡았던 그 영혼들을 잘 살폈는지 보고해야 할 것입니다. 즉 예수 그리스도와의 영적 관계라는 보화를 발견하지 못했거나 발견했더라도 다른 영혼에게 그것을 전하지 못했다면 하나님께서 분명 책임을 물으실 것입니다.

그때 가서 주님과 동행하는 것은 너무 위험했다, 무식한 사람들에게 영적 원리를 가르치기가 힘들었다는 식의 변명은 절대 늘어놓을 수 없습니다. 성경은 그러한 변명을 정당화 해주지 않습니다.

주님과 동행하는 데 위험이 따른다고요? 과연 그럴까요? 유일한 진리의 길 되신 예수 그리스도 안에 어떠한 위험이 도사리고 있다는 것입니까? 어떤 면에서 주 예수님께 우리의 전부를 내드리고 그분께 끊임없이 집중하는 것이 위험하다는 것일까요? 주님의 은혜에 전적으로 의지하고 모든 사랑과 열정을 순수하게 쏟아내며 주님을 사랑하는 것이 대체 뭐가 해롭다는 것일까요?

무지하거나 제대로 교육받지 못한 사람들은 그리스도와 내적인 관계를 맺지 못할까요? 아닙니다. 오히려 그들이야말로 주님과 깊은 관계에 들어가기에 가장 적합합니다.

… 진실하게 행하는 자는 그의 기뻐하심을 받느니라(잠 12:22).

그런 사람들은 겸손하고 단순한 마음으로 하나님을 신뢰하며 순종하기 때문에 그만큼 내면을 바라보며 주님의 영을 따르기가 쉽습니다. 어찌 보면 이런 일에 누구보다 알맞다고 할 수 있습니다. 이들은 분석하거나 따지지 않습니다. 논쟁을 벌이지도 않습니다. 자신의 의견을 망설임 없이 내려놓을 줄 압니다.

이들은 교육이나 종교 훈련에 길들여지지 않았기 때문에 그만큼 빠르고 자유롭게 성령의 인도를 받습니다. 반면 타고난 재능과 고등교육, 신학 훈련을 받은 사람은 자기 안에 가득 찬 것들 때문에 영적 보화를 보지 못하는 우를 범합니다. 내적 기름부음 혹은 성령님의 인도에 심한 거부감을 가질 때가 많습니다.

시편 기자는 이렇게 말했습니다.

… 우둔한 사람들을 깨닫게 하나이다(시 119:130).

또한 하나님은 하나님이 필요한 사람에게 자신을 나타내기 원하십니다.

여호와께서는 순진한 자를 지키시나니 내가 어려울 때에 나를 구원하셨도다(시 116:6).

새 신자를 돌보고 있는 사역자라면 '내가 행여 이들이 예수 그리스도께로 향하는 것을 방해하고 있는 건 아닌가' 하고 주의하십시오. 예수님은 제자들에게 "어린 아이들을 용납하고 내게 오는 것을 금하지 말라 천국이 이런 사람의 것이니라"(마 19:14)고 말씀하셨습니다. 어린아이들이 예수님에게 다가가는 것을 제자들이 막으려 할 때 예수님께서 하신 말씀입니다.

역사를 거슬러 올라가보면 인류는 질병의 근본원인을 치유하기보다는 증상을 누그러뜨리는 데 주력했습니다. 마찬가지로 그리스도를 영접했다는 수많은 회심자들은 왜 근본적인 변화를 보여주지 못할까요? 그들을 돌봤던 신앙 선배들이 지극히 피상적인 삶의 문제만 다뤄주었기 때문입니다. 이제는 마음으로 들어가야 합니다!

규범을 만들어 외적인 행동을 통제하고 바꾸려는 것만으로는 그리스도인의 삶에 지속적인 열매를 맺지 못합니다.

그렇다면 어떻게 해야 할까요? 회심자들에게 자신의 심령으로, 자기 존재의 내부로 들어가는 열쇠를 주어야 합니다. 그 비밀을 알게 되면 외적인 삶은 따라서 자연스럽게 달라집니다.

조금도 어려울 게 없습니다. 하나님을 찾으려는 새 신자에게 그저 자기의 내면을 들여다보라고 가르쳐주면 됩니다. 예수 그리스도에게 마음을 고정할 수 있고 때로 방황하더라도 언제든 주님께 돌아올 수 있음을 보여주십시오. 또 하나님을 기쁘게 해드리겠다는 마음 하나로 성실하게 모든 수고와 고통을 감내해야 한다는 점도 말해주십시오. 그 사람은 예수 그리스도에게 인도될 것이며, 예수님이 은혜의 근원이고 그 안에 인생과 경건생활에 필요한 모든 게 있다는 사실도 깨닫게 될 것입니다.

이제 막 거듭난 영혼들을 돌보고 있는 그리스도의 사역자들이 이 길로 새 형제자매를 이끌어주기를 당부합니다. 이 길은 바로 예수 그리스도이기 때문입니다. 사실 이 당부는 제가 아니라 모든 믿는 자들을 위해 십자가에서 피를 쏟으신 그리스도의 말씀입니다.

너희는 예루살렘의 마음에 닿도록 말하며 그것에게 외치라(사 40:2).

하나님의 말씀을 선포하십시오! 하나님의 은혜를 흘려보내십시오! 하나님의 생명을 전하는 자로 살아가십시오! 우리는 하나님의 나라를 세워야 합니다. 그러니 마음의 통치권을 그분에게 드리십시오.

다시 한 번 말하지만, 마음이 중요합니다. 주님의 통치를 방해하는 것도 마음이요, 주님의 통치를 인정하며 그분을 영화롭게 할 수 있는 것도 마음입니다.

> 만군의 여호와 그를 너희가 거룩하다 하고… 그가 거룩한 피할 곳이 되시리라(사 8:13-14).

이처럼 단순한 체험, 마음으로 하는 기도를 가르치십시오. 무슨 방법을 가르치지 마십시오. 고상하게 기도하는 법을 가르치지 마십시오. 사람의 생각으로 하는 기도가 아니라 성령 하나님께서 친히 이끄시는 기도를 가르치십시오.

주의하십시오!

지금 복잡한 기도 형식이나 의미 없는 반복을 강조하고 있지 않습니까? 그렇다면 초신자들에게 큰 문제를 일으키고 있는 것입니다. 완벽주의 아버지 아래서 자녀가 엇나갈 수 있는 것처럼, 자신이 기도의 정석이라고 생각하는 것을 강조하다보면 초신자는 기도의 형식과 방법을 지나치게 의식하게 됩니다. 세련되고 고상한 어휘를 사용하는 데만 집중하게 됩니다. 이렇게 되면 하나님에게 나아가는 길은 전혀 보이지 않습니다.

이제 막 그리스도를 알게 된 성도인가요? 그렇다면 사랑 많으신 아버지 앞에 나가십시오. 가서 아버지에게 당신만의 언어로 진솔하게 말을 건네십시오. 다소 엉성하고 투박할지 몰라도 그분은 전혀 그렇게 듣지 않으십니다!

때로 우리의 언어가 분명하지 못하고 애매할 수 있습니다. 아니면 하나님의 임재 가운데 경외심과 풍성한 사랑에 압도되어 할 말을 잃어버릴 수도 있습니다. 하지만 괜찮습니다! 우리 아버지는 무미건조한 미사여구보다 사랑으로 벅차오른 마음에서 우러난 진실한 말들에 훨씬 기뻐하시니까요.

사랑의 감정을 여과 없이 쏟아내는 것이야말로 세상의 어떤 언어보다 더 많은 것들을 주님께 전달할 수 있습니다. 왜 그런지 몰라도 사람들은 형식과 규범을 통해 하나님을 사랑하려는 경우가 많습니다. 하지만 익히 보아왔듯이 하나님을 향한 사랑을 식게 만드는 것이 바로 이러한 형식과 규범 아닙니까?

사랑의 기술을 가르친다는 것은 얼마나 부질없는 짓입니까?

사랑이 없는 사람에게는 사랑의 언어가 무척 어색하고 생소하겠지만 사랑하는 사람에게는 지극히 자연스러운 것입니다.

단순한 사람일수록 예수 그리스도와 더 깊은 사귐으로 들어간다는 사실은 참으로 놀랍고 반가운 일입니다! 하나님은 우리가 하나님과 관계를 맺어갈 때 각양각색의 실로 요란하게 치장하기를 원치 않으십니다.

아무리 둔한 사람일지라도 장엄한 의식이나 형식, 신학적 지식 없이도 하나님을 깊이 알아갈 수 있습니다! 하나님은 원하시면 공장에서 일하는 노동자를 데려다가 얼마든지 선지자로 삼으실 수 있습니다! 사람을 내면에 있는 기도의 성소에서 멀어지게 한다는 이야기가 아닙니다. 아니, 정반대입니다! 하나님은 모든 사람이 들어올 수 있도록 기도를 위한 성소의 문을 활짝 열어놓으십니다!

> 어리석은 자는 이리로 돌이키라 또 지혜 없는 자에게 이르기를 너는 와서 내 식물을 먹으며 내 혼합한 포도주를 마시고(잠 9:4-5).

예수님은 "이것을 지혜롭고 슬기 있는 자들에게는 숨기시고 어린 아이들에게는 나타내심을 감사하나이다"(마 11:25) 하고 천지의 주재이신 아버지께 기도했습니다.

24. 하나님과 하나 되는 날까지

이제 그리스도인이 체험하게 되는 최종단계인 '거룩한 연합'에 대해 알아보겠습니다.

거룩한 연합은 우리 혼자만의 체험이 될 수 없습니다. 묵상한다고 되는 것도 아닙니다. 사랑 고백이나 예배, 헌신, 희생 그 어떤 것으로도 이룰 수 있는 일이 아닙니다. 설령 주님이 아주 찬란한 빛을 우리에게 비춰주신다 해도 그것이 거룩한 연합으로 이어지는 것은 아닙니다. 결국 이 연합을 가능하게 하는 것은 바로 '하나님의 행하심'입니다.

구약성경에는 "네가 내 얼굴을 보지 못하리니 나를 보고 살자가 없음이니라"(출 33:20)고 기록되어 있습니다. 기도하는 가운데 여전히 자아가 살아 있다면 우리는 하나님을 볼 수 없을 뿐 아니라 연합도 경험할 수 없습니다.

우리의 행함과 관련된 것, 우리의 존재에서 비롯된 모든 것, 심지어 우리의 가장 숭고한 기도조차도 먼저 제거되어야 거룩한 연합이 이뤄질 수 있습니다.

마음과 생각으로 하는 모든 기도는 그저 수동적인 상태에 들어가기 위한 준비 과정일 뿐입니다. 우리의 존재 일부분에서 활발하게 진행되는 묵상 역시 수동적인 상태에 들어가기 위한 준비 과정일 뿐입니다. 그것 자체가 목적이 아니라 목적에 이르기 위한 하나의 방법일 뿐입니다.

그리스도인의 최종 목적은 하나님과의 연합입니다!

그러므로 이 책은 기도와 체험을 보여주는 게 아니라 그리스도인이 궁극적으로 도달해야 하는 목적, 즉 하나님과의 거룩한 연합으로 인도하기 위해 쓰였습니다.

"일곱째 인을 떼실 때에 하늘이 반 시간쯤 고요하더니." 요한계시록 8장 1절에 기록된 이 말씀을 기억할 것입니다. 이것은 인간의 가장 깊은 중심부가 어떠한 상태인지 잘 보여주는 구

그리스도인의 최종 목적은
하나님과의 연합입니다!

절입니다. 하나님의 위엄이 나타날 때는 모든 곳에서 숨죽여 침묵해야 합니다. 자아의 활동 또한 완전히 잠잠해져야 합니다. 더 나아가 존재 자체가 소멸되어야 합니다.

이 우주에서 하나님과 정면으로 대치되는 것이 있다면 그것은 바로 자아입니다. 자아는 인간의 악한 행위가 시작되는 곳일 뿐 아니라 악한 본성 자체가 발현되는 근원지입니다. 그러므로 자아가 소멸될수록 영혼은 점차 정결해집니다. 실제 자아가 사라진 만큼 영혼의 순수성이 증가합니다.

어떤 방식으로든 자아의 속성을 가지고 있는 동안 우리 안에는 불순함이 계속 존재합니다. 하지만 자아를 철저히 떼어낸다면 아무 결점 없이 완전하고 순결해질것입니다.

자아는 타락의 결과로 인간의 영혼 안에 들어온 것이고, 이로 인해 하나님과 영혼 사이에는 커다란 간극이 생겨났습니다.

정반대인 두 가지 즉, 자아가 살아 있는 영혼과 하나님이 어떻게 연합할 수 있을까요? 하나님의 순결함과 인간의 불순함이 어떻게 하나가 될 수 있을까요? 하나님의 단순성 혹은 단일성과 인간의 복잡성 혹은 다변성이 어떻게 하나로 용해될 수 있을까요?

분명 우리가 할 수 있는 노력 이상의 무언가가 필요합니다.

과연 인간과 하나님의 연합이 이뤄지려면 무엇이 필요할까요? 그것은 바로 전능하신 하나님의 활동입니다. 그래야만 연합이 이루어집니다.

두 가지 대상이 하나로 융합되려면 교집합이 될 만한 요소가 필요합니다. 이를테면 불순한 먼지와 순금은 결코 하나가 될 수 없습니다. 금광석에서 순금을 뽑아내려면 불로 그 안에 있는 찌꺼기와 폐석들을 제거해야 합니다. 그래서 하나님께서 이 세상에 불을 보내신 것입니다. 우리 안에 있는 모든 불순한 것을 없애기 위해서입니다. 이 불은 '하나님의 지혜'라고도 합니다. 순식간에 모든 것을 살라버리는 불 앞에서 그 무엇도 버틸 수 없습니다. 여기에는 하나의 목적만 있을 뿐입니다. 인간이 하나님과 거룩한 연합을 하는 데 합당한 존재가 되도록 하기 위해서입니다.

우리 안에는 생각보다 훨씬 더 불순한 것들이 많이 있습니다. 이 불순함은 하나님과 거룩한 연합을 이뤄가는 데 치명적인 요소입니다. 하지만 우리와 하나 되기를 너무도 갈망하는 주님은 우리 안에 있는 불순물을 제하실 것입니다. 이러한 일이 실제로 일어나더라도 놀라지 마십시오.

이 불순함의 정체는 무엇일까요? 바로 자아입니다. 자아는 우리를 더럽히는 불결함의 근원지로, 순결함과 연합되는 것을 언제나 방해합니다!

진흙 위로 태양 광선이 내리쬔다고 해서 빛이 진흙과 섞이는 건 아닙니다.

자아 말고도 거룩한 연합을 방해하는 것이 또 하나 있는데 바로 행위입니다. 행위는 본질적으로 연합과 반대됩니다. 왜냐

하면 하나님은 무한한 고요이시기 때문입니다. 주님과 연합한 영혼이라면 그분의 고요함에 들어가야 합니다.

행위는 하나님과의 동화(同化)를 막아버립니다. 그런 까닭에 인간적인 의지를 쉬게 하지 않으면 거룩한 연합에 다다를 수 없습니다. 처음 창조될 때처럼 고요한 안식과 순결한 상태에 있지 않는 한 하나님과 결코 하나 됨을 경험 할 수 없습니다.

하나님은 우리의 영혼을 깨끗하게 하기 원하십니다. 용광로에 광석을 넣어 제련하듯이 그분의 지혜로 우리를 정련하기 원하십니다. 광석에서 순금을 정제해낼 수 있는 것은 오직 불뿐입니다.

다시 한 번 말하지만 우리를 완전히 연소시키는 불은 바로 하나님의 높은 지혜입니다. 이 불이 세상에 속한 것을 차츰 불태워버립니다. 불순물을 모조리 불살라버리고 그 속에서 순금을 추출합니다.

이 불은 세상에 속한 혼합물이 금으로 변할 수 없음을 알고 있는 것 같습니다. 그래서 금에 섞여 있는 모든 이질적인 요소들을 걸러내기 위해 찌꺼기들을 녹이고 분해시킵니다. 불순했던 흔적이 조금도 남지 않도록 금광석을 용광로에 넣고 또 넣습니다. 한 번, 두 번… 아, 얼마나 더 들어갔다 나와야 할까요? 분명한 건 대장장이는 누구도 보지 못하는 불순함의 흔적조차 찾아낸다는 것입니다. 그러므로 혼합물의 흔적이 완전하게 사라지기까지 금광석은 활활 타오르는 용광로 속에 던져지고 또 던져져야 합니다.

드디어 금에 섞여 있던 불순물들이 완전하게 제거되는 순간이 옵니다. 완전한 순도에 이르렀을 때, 완전한 단순성에 이르렀다고도 표현할 수 있을 것입니다. 불은 더 이상 필요하지 않게 됩니다. 이미 순금이 된 것을 계속 용광로에 놓아둔다 해도 순도가 더 높아지거나 금의 실제 중량이 늘어나지 않습니다.

이제 이 금은 세공하기에 가장 적합한 상태가 되었습니다. 훗날 무언가가 묻거나 아름다운 빛이 흐려지더라도 그것은 금 자체가 오염된 게 아니라 표면만 일시적으로 더러워진 것뿐입니다. 먼지가 조금 묻었다고 금 그릇을 사용하는 데 지장이 있는 것은 아닙니다. 표면에 묻은 이물질로 금 자체가 오염되지도, 변질되지도 않습니다. 먼지가 조금 묻었다는 이유로 금 그릇을 마다하고 값싼 그릇을 선택할 사람은 없을 겁니다.

제 의도를 오해하지 말기 바랍니다. 하나님과 거룩한 연합

가운데 있는 사람의 죄 문제를 변호하고 있는 게 아닙니다. 조금도 그럴 생각이 없습니다. 여기서 말한 이물질이란 인간 본연의 결점, 즉 아무리 위대한 성도라도 겉모습만으로 판단하여 사람을 칭찬하거나 스스로 높아지려는 마음을 품을 수 있는데 이러한 위험에서 구하려고 하나님께서 우리에게 일부러 남겨놓으신 결점을 가리킵니다.

하나님은 가장 경건한 성도들에게도 결점을 남겨두어 "은밀한 곳에 숨기사 사람의 꾀에서 벗어나게 하시고 비밀히 장막에 감추사 말다툼에서 면하게"(시 31:20) 하십니다.

이번에는 순금과 합금의 차이를 살펴보겠습니다.

연금사라면 순금을 합금과 섞으려 하지 않을 것입니다. 값싼 합금에는 여러 불순물이 섞여 있어 순금의 높은 가치를 떨어뜨릴 게 분명하기 때문입니다.

하지만 무게가 나가는 세공품을 만들기 위해 두 개를 합쳐야 할 때는 어떻게 할까요? 우선 합금에 열처리를 하여 제련할 것입니다. 합금을 용광로에 넣기를 반복하면서 그 안의 불순물을 제거한 후에야 두 개의 '순금'을 한 덩어리로 녹여낼 것입니다.

이러한 생각은 바울의 다음 선언에도 잘 나타나 있습니다.

… 그 불이 각 사람의 공적이 어떠한 것을 시험할 것임이라(고전 3:13).

또한 바울은 이렇게 덧붙입니다.

누구든지 그 공적이 불타면 해를 받으리니 그러나 자신은 구원을 받되 불 가운데서 받은 것 같으리라(고전 3:15).

우리가 주님의 은혜로 구원을 받기는 했지만 인간의 공적은 온갖 오염과 불순한 것으로 뒤섞여 있기 때문에 자아에서 온전히 깨끗해지기 위해선 반드시 불을 통과해야 한다고 바울은 말하고 있습니다.

로마서 3장 20절에도 동일한 이야기가 나옵니다. 여기서 하나님은 우리의 의를 살피고 심판하시는 분으로 나옵니다. 로마서는 "율법의 행위로 의롭다 인정받을 육체가 없으며 의롭다 하심을 얻는 것은 오직 하나님의 의, 즉 예수 그리스도를 믿는 믿음에 의해서만"이라고 분명하게 말합니다.

하나님의 공의와 지혜는 모든 것을 삼켜버릴 기세로 무자비하게 뿜어나는 불처럼 임합니다. 이 불은 감각적인 쾌락과 육욕, 자아의 활동 등 세상에 속한 것을 모조리 살라버립니다.

영혼이 하나님과 거룩한 연합을 이루려면 이러한 정화 과정이 반드시 선행되어야 합니다.

이러한 정화 과정이 나에게 일어나야 한다는 필요성을 우리는 스스로 충분히 느끼지 못합니다. 인간은 본래 그러한 성화를 흔쾌히 받아들이는 존재가 못 되니까요. 자아에 대한 애착이 커서 자아가 파괴되는 것을 두려워하기 때문입니다. 자아를 무너뜨리는 주체가 하나님이 아니라면 우리도 결코 그런 일이 일어나도록 내버려두지 않을 것입니다. 힘과 권능으로 오시는 분은 바로 하나님입니다. 하나님께서 하나님 자신과 인간의 거룩한 연합을 주도하고 책임지셔야 합니다.

그런데 이것이 가능할까요? 인간의 동의 없이 하나님께서 일하시는 게 가능할까요? 인간의 자유의지를 강제하는 것은 하나님의 원칙과 어긋나는 게 아닙니까? '인간의 자유의지'라고 하면 인간이 얼마든지 하나님의 역사를 거부할 수 있는 선택권을 갖고 있다는 것이니까요.

그렇다면 우리가 회심했던 순간을 돌이켜봅시다. 그때 우리는 우리의 존재를 조금도 남김없이 하나님께 내드렸습니다. 뿐만 아니라 우리를 향한 하나님의 뜻에 대해서도 그렇게 했지요. 하나님이 원하시고 요구하시는 일이라면 무엇이건 전적으로 동의하지 않았던가요?

사실 주님이 불태우고 무너뜨리고 정화하실 때 우리는 그것이 우리의 삶에서 일하시는 하나님의 손길임을 알지 못합니다. 심지어 그것이 참으로 선한 일이라는 것도 모르지요.

오히려 우리 안에 있던 아름다운 금이 기대와 달리 불 속에서 검게 그을려지는 것을 보게 됩니다. 삶에서 벌어지는 온갖 비극적인 상황을 우두커니 바라보게 되지요. 그러면서 정화되기는커녕 손해만 보게 된다고 생각합니다.

그 순간 주님이 우리에게 자발적인 동의를 구하신다면 우리는 입을 꾹 다물어버릴 것입니다. 묵묵부답이면 그나마 다행이고 대부분은 강하게 저항하거나 불평을 늘어놓을 것입니다.

하지만 우리는 다른 반응을 보일 수도 있습니다. 하나님이 우리의 삶에 어떠한 일을 허락하시더라도 최대한 인내하면서 그분께 동의를 표하기로 결정하는 것입니다.

그처럼 암울하고 막막한 상황에서 흔쾌히 주님에게 동의하기가 어렵겠지만 그렇다고 그분의 역사를 반대할 수도 없습니다. "예!"라고 대답할 수 없지만 그렇다고 "안 됩니다!"라고 말할 수도 없는 것입니다.

그렇다면 우리는 무엇을 할 수 있을까요?

자발적으로 동의할 수도, 완강히 저항할 수도 없는 상황에서 우리는 어떻게 해야 하나요? 하지만 방법이 있습니다! 주님께 수동적인 동의를 표하는 것이지요! 이후 하나님께서 온전한 권능과 인도의 책임을 맡으시는 것은 인간의 권리를 침해하는 것이 아닙니다!

이 과정을 이해하겠습니까? 처음 회심할 당시에는 자아의 능동적인 활동이 지배적이지만 차츰 시간이 갈수록 우리는 수동적으로 변해갑니다. 그리고 능동성에서 수동성으로 점점 나아가는 과정에서 우리의 영혼은 각양각색의 모습에서 끊임없이 정화될 것입니다. 또 자신을 하나님으로부터 떨어뜨리는 요소가 무엇인지도 깨달을 것
입니다. 이번 장에서 언급
한 것들, 즉 우리와 우리 중
심에 계신 하나님 사이에 놓
인 요소들 말입니다. 그런 다음
우리를 정련하시는 하나님의 불에
수동적으로 동의한다면 하나님은 우리를 점점 수동적인 상태로
인도하실 것입니다.

수동적 상태에 이르는 능력은 점점 커져갑니다. 하나님 앞에
서건 참담한 십자가 아래에서건 하나님이 어떤 방식으로 일하
시든 능동적으로 "예"나 "아니오"를 말하지 않은 채 수동 상태
에 머물 수 있는 능력이 은밀하게 자라가는 것입니다.

이렇게 우리는 하나님에게로 깊이 잠겨드는 첫 번째 단계를
통과하게 됩니다. 하나님은 자신의 거룩함에 맞춰서 우리도 그
렇게 깨끗하게 하십니다.

그런데 하나님께서 우리를 이끄시는 과정에는 두 단계가 더
있습니다. 두 번째 단계가 바로 '하나님과 하나 됨'입니다.

하나님의 거룩함에 맞춰 정화되는 단계에서 일련의 과정이 있는 것처럼 두 번째 단계에도 과정이 있습니다. 우선 자의적인 노력이 차츰 줄어들다가 완전히 멈춰버리는 순간까지 갑니다. 자의적인 노력이 사라지면 우리의 의지는 하나님 앞에서 수동적인 상태가 되고 궁극적으로 하나님과 하나 되기에 이릅니다.

이것은 수동적인 상태를 넘어선 것입니다. 수동적인 상태의 궁극적인 목표이기도 합니다. 하나님께 완전히 잠겨들 때까지 성령님께 전적으로 자신을 내드리고 따라가게 되는 것도 이 시점부터입니다. 매순간 어떠한 일에든 하나님의 뜻에 완전히 동의하게 되는 것입니다.

이것이 바로 거룩한 연합입니다. 이제 자아는 사라집니다. 인간의 의지는 철저히 수동적인 상태가 되어 매순간 하나님의 뜻에 따라 반응합니다. 짐작하다시피 이런 과정은 상당히 오랜 시간에 걸쳐 이뤄집니다.

그리스도를 깊이 체험하는 과정에 어떠한 행위나 노력이 수반되었나요? 네, 행위가 일종의 관문 역할을 했지요. 하지만 우리는 여기서 마냥 미적거려서는 안 됩니다. 우리가 시종일관 바라보며 나아가야 할 목적은 오직 하나, 완전함에 이르는 것이니까요.

부디 그동안 사용했던 '버팀목과 보조수단'들을 하나씩 내버리기 바랍니다. 그렇지 않으면 궁극적인 목적지에 도달할 수 없습니다. 자아는 물론이고 이 책 처음부터 소개했던 그 모든 수단들을 말입니다. 그것들은 주님을 깊이 체험하는 초기 및 진행 단계에서 우리를 돕기 위한 기초적인 버팀목들일 뿐입니다. 궁극적으로 주님을 만나는 마지막 단계에서는 버려야 할 것들이지요. 버릴 때가 되었는데도 버리지 못하면 오히려 여정을 방해하는 요소가 될 겁니다. 그런데도 이 보조수단에 끝까지 매달리려는 일부 그리스도인들이 있습니다.

바울은 이렇게 말합니다.

뒤에 있는 것은 잊어버리고 앞에 있는 것을 잡으려고 푯대를 향하여 그리스도 예수 안에서 하나님이 위에서 부르신 부름의 상을 위하여 달려가노라(빌 3:13-14).

한 여행자가 있습니다. 그는 긴 여행을 시작했습니다. 그런

부디 그동안 사용했던
'버팀목과 보조수단'들을
하나씩 내버리기 바랍니다.

데 첫 번째 여관에 들러서 그곳에 그냥 머물기로 합니다. 왜 그랬을까요? 앞서 간 여행객들이 대부분 길을 떠났다가 그 여관에 눌러앉았다는 얘기를 들었기 때문입니다. 지금 집 주인조차 한때는 여행객이었다가 머물러버린 것이고요.

정말로 여행자가 이러한 이유만으로 여행을 멈춰버린다면 정신이 나가도 보통 나간 게 아닐 것입니다.

최후의 목적지에 이를 때까지 계속 나아가십시오. 머뭇거리거나 곁길로 빠지지 말고 가장 짧은 길, 가장 쉬운 길을 택하십시오. 이미 우리 앞에 지도가 펼쳐져 있지 않습니까? 첫 번째 단계에서 중단하지 않기를 당부합니다.

"하나님의 영으로 인도함을 받으라"(롬 8:14)는 바울의 권면을 따르십시오. 하나님의 영은 궁극적인 창조의 목적에 따라 우리를 조금의 실수도 없이 인도하실 것입니다.

잠시 멈춰서 우리 앞에 놓인 길이 과연 맞는지 살피십시오.

첫째, 우리는 하나님이 가장 선한 분이심을 인정해야 합니다. 하나님은 자신과 우리의 거룩한 연합을 최후의 축복으로 예비해 두셨습니다.

성도들은 모두 하나님 안에서 그분의 영광을 지니고 있지만 각 사람에게 비춰지는 영광의 광채는 저마다 다릅니다. 왜 그럴까요? 그것은 사람마다 하나님과 연합된 정도가 다르기 때문입니다.

지금까지 살펴본 대로 영혼은 스스로의 노력이나 행위, 힘으로 하나님과 연합할 수 없습니다. 이 거룩한 연합은 오직 하나님께서 인간에게 다가와 손을 잡아주실 때 가능합니다. 또한 인간의 영혼이 얼마나 수동적일 수 있는지에 따라 달라집니다. 모든 부분에서 완전히 수동적일 수 있는 영혼에게 주님은 자신을 부어주십니다.

둘째, 우리는 단순성과 수동성 안에서만 하나님과 연합할 수 있습니다. 하나님이 전부라는 점에서 단순하며 모든 상황에 나의 의지를 하나님의 뜻에 전적으로 맞춘다는 점에서 수동적이라는 뜻입니다.

이러한 연합은 아름다움 자체입니다. 그러므로 수동적인 상태로 나아가는 길, 그 상태에서 그리스도께로 나아가는 길은 선할 수밖에 없습니다. 이 길은 가장 안전하며 따라서 가장 좋은 길입니다.

하나님과 연합하는 일에 위험이 따를까요? 어떤 사람은 지레 위험하려니 생각하고 아예 연합할 엄두조차 내지 않으려고 합니다. 하지만 참으로 완전하고도 필연적인 그 만남이 위험한 길이라면 주님이 과연 그 길을 만드셨을까요?

하나님과 연합하는 길은 누구에게나 열려 있으며 모든 사람이 그 여정에 오를 수 있습니다. 주님의 자녀는 누구나 그분을 기뻐하도록 부름 받았습니다. 이 기쁨은 장차 올 세상뿐 아니라 이생에서도 경험할 수 있습니다. 언젠가 우리는 하나님과 온전히 연합하여 영원한 행복을 누리게 될 텐데 이러한 행복은 지금 이 세상에서도 우리를 부르고 있습니다.

이 책을 마치기 전에 몇 가지 주제를 정리해보겠습니다.

저는 지금까지 하나님의 선물로 인해 기뻐하는 게 아니라 하나님 그분 자체로 기뻐하는 것에 대해 얘기했습니다. 선물은 선물일 뿐 궁극적인 축복이 아닙니다. 선물로는 우리의 영혼과 심령이 결코 만족할 수 없습니다. 우리의 심령은 너무도 존귀하고 숭고하기 때문에 하나님 그분이 아니고서는 어떤 것으로도 채워지지 않으니까요.

거룩한 하나님의 온전한 소원을 한 마디로 표현해볼까요? 하나님은 하나님의 이름을 부르는 모든 피조물에게 친히 자신을 내어주기 원하십니다. 실제로 우리 각자의 능력에 따라 자신을 친히 내주며 그 소원을 이루십니다.

그런데 안타깝게도 우리 인간은 얼마나 대단한 존재인지 하나님께 자신을 내드리며 그분께로 이끌리기를 주저합니다. 하나님과 거룩하게 연합하는 길로 가기를 정말 두려워합니다.

마지막으로 한 마디만 더 하겠습니다.

"꼭 하나님과 연합해야 하나요? 나를 너무 몰아붙이는 건 아닌가요?"라고 말하는 사람이 분명 있을 것입니다.

저도 그 말에 전적으로 동감합니다. 하지만 아무도 우리를 하나님과 연합하도록 몰아붙일 수는 없다는 말을 덧붙이고 싶습니다. 그것은 인간의 힘으로 아무리 노력해도 있을 수 없는 일입니다. 하나님과 인간의 연합은 하나님께서 친히 이루시는 일이니까요. 그러므로 나를 하나님과 연합시키려고 애쓰지 말라고 말하는 것은 아무런 의미가 없습니다. 그런 연합은 애당초 불가능하니까요.

한편 실제로 체험하지도 않은 걸 어디선가 듣고 체험한 마냥 떠들어대는 사람이 있지 않을까 우려하는 사람이 있을 수 있습니다. 하지만 굶어 죽어가는 사람이 배부른 척 할 수 없는 것처럼 이러한 영적 경험도 결코 흉내 낼 수 있는 게 아닙니다. 어떤 바람이나 말, 한숨, 표정 등에 그가 주장하고 있는 것과는 거리가 먼 참 모습이 드러날 것입니다.

하나님과의 거룩한 연합은 인간의 노력으로 되는 게 아니므로 우리는 누구에게도 감히 이 연합을 선사할 수 없습니다. 다만 그곳에 이르는 길을 가리켜주거나 멈추지 말고 계속 나아가라고 권유할 수 있을 뿐이지요.

초보 단계의 훈련에만 머물거나 가던 길을 멈추지 마십시오. 성경으로 기도하기 혹은 주님 바라보기 등은 우리에게 어떤 증거가 임하는 순간 모두 버려야 할 것들입니다.

자기 힘으로 누군가를 하나님과 연합시키려고 애써본 사람은 그것이 불가능한 일임을 느꼈을 것입니다. 오직 상대에게 생명수가 있는 곳을 가리키며 약간의 도움만 줄 수 있음을 깨달았을 것입니다. 물론 우리는 그렇게 할 수 있고 또 그렇게 해야 합니다. 목이 타들어가는 사람에게 샘물이 있는 곳을 알려주고는 그곳에 가지 못하게 묶어둔다면 그처럼 잔인한 일이 또 있을까요? 실제로 어떤 그리스도인은 거룩한 연합에 대해 말하면서도 구도자가 족쇄를 풀고 가도록 도와주지 않습니다. 그러다 안타깝게도 목말라 죽는 경우가 종종 있습니다.

이제 다음과 같은 사실을 인정합시다. 거룩한 연합은 실제로 존재하고 그곳에 이르는 길도 존재합니다. 그 길은 시작과 진행, 도착으로 이루어져 있습니다. 도착지에 가까워질수록 우리는 여정 초반부터 유용하게 사용해왔던 것을 하나씩 버리게 됩니다.

물론 출발점과 종착점 사이에는 오랫동안 거쳐야 하는 길이 있습니다. 길의 궁극적인 종착점이 선하고 거룩하고 필요한 것이라면 길의 처음도, 중간도 분명 그러하다는 사실을 확신해도 좋습니다. 인류는 학문과 지혜를 자랑하지만 눈 먼 자와 다름없습니다.

> 천지의 주재이신 아버지여 이것을 지혜롭고 슬기 있는 자들에게는 숨기시고 어린 아이들에게는 나타내심을 감사하나이다(마 11:25).

25. 옥중에서

귀용 부인이 프랑스의 성 안토니 감옥에서 옥살이를 하는 동안 외부로부터 여러 통의 편지를 받았는데 답장은 쓸 수 있도록 허락받았다. 그 답장 중 일부는 지금까지 전해지고 있다. 다음은 이 책을 읽고 편지로 질문을 보내온 어느 여성에게 잔느 귀용이 답변했던 글의 일부이다.

하나님께서 놀라운 자비를 베푸셔서 당신의 영혼이 날로 깊은 영적 체험을 통해 자란다는 얘기를 들으니 참으로 기쁩니다. 하나님께서 당신 안에서 시작한 일을 완성해가실 것입니다. 신실하게 믿음을 지킨다면 반드시 그렇게 될 것입니다.

예수 그리스도에게 속한다는 것은 형언할 수 없는 행복입니다! 이 땅에서 살아갈 때 필연적으로 따르는 모든 고통과 슬픔마저 감미롭게 만드는 참된 향유입니다.

당신에게 실제로 도움이 될 만한 얘기들을 적겠습니다.

성경을 읽을 때는 가끔 읽기를 중단한 채 하나님을 기다리면서 침묵으로 기도해보십시오. 특별히 마음에 와 닿는 말씀이 있다면 꼭 그렇게 하셔야 합니다. 성경을 의미 없이 지나치듯 읽지 마십시오. 읽는 동안 당신의 내면에서 느껴지는 감각, 하나님의 섬세한 만지심에 반응해야 합니다.

이런 식으로 성경을 읽으면 영혼이 점점 고양되고 풍요로워질 것입니다. 당신의 영혼과 심령은 육신과 마찬가지로 영양분이 필요합니다. 영양분이 충분히 공급되지 않으면 영혼은 시들고 부패할 것입니다.

육체에 관해 한 말씀 드리자면, 고행을 하면서 몸을 괴롭히지 않았으면 합니다. 몸이 약하다면 그렇게 하기도 힘들겠지만요. 건강한 체질에 넘치는 식욕을 주체하지 못하는 사람이라면 다른 식으로 조언을 하겠지요.

하지만 간곡히 권면하고 싶은 고행이 있습니다. 부패한 욕망이나 집착이 내면에 조금이라도 남아 있다면 그것을 버리기 바랍니다. 당신의 의지와 기호, 기질과 습관, 성향을 다스리십시오. 예컨대 인내하며 견디는 법을 배우십시오. 하나님은 당신에게 견디기 힘든 고통을 자주 보내실 것입니다. 그것은 하나님께서 행하시는 일이요, 선택하고 허락하신 일입니다.

당신에게 일어나는 모든 일들, 설령 그것이 혼란일지라도 견디어내기를 배우십시오. 하나님을 사랑하겠다는 동기 하나면 충분합니다. 부당한 대우를 받거나 무시당하거나 그 밖의 어떤 상황이 닥치더라도 그대로 받아들이십시오.

언제나 침착한 마음으로 당신의 삶을 거꾸러뜨리려는 것들을 가만히 견디어냄으로써 스스로를 단련할 수 있습니다. 예기치 않게 우울하고 불행한 일들이 찾아와도 그때마다 내면에서 일어나는 부정적인 감정들을 몰아내십시오. 그래야만 당신은 그리스도의 고난에 참예하는 자가 될 수 있습니다.

듣기에 거북하겠지만 이것은 진실입니다. 그리스도의 고난을 받아들여야 그분의 십자가를 영화롭게 할 수 있습니다.

특히 겉보기에 그럴 듯하여 마음이 끌리는 것들을 내려놓을 때 십자가를 가장 높여 드릴 수 있습니다. 이러한 내려놓음은 겉에서 일어나는 일이 아니라 마음 안에서 이루어지는 변화입니다.

그러므로 보잘것없고 더 나아가 아무것도 아닌 존재가 되는 법을 배우십시오. 그릇된 식탐을 내려놓기 위해 금식한다면 이는 선한 일입니다. 나아가 자신의 욕망과 의지를 내려놓고 하나님의 뜻만 먹는 사람은 더욱 선한 사람이지요. 바울이 말했던 마음의 할례가 바로 이것입니다.

끝으로 기도에 관해 말씀드리고 싶습니다. 당신은 이제껏 방해받지 않고 긴 시간 침묵 기도를 하는 영적 체험에 있어서는 별다르게 성장하지 못한 것 같습니다. 그러므로 소리 내어 하는 기도와 침묵 기도를 적절하게 섞어서 하시기 바랍니다. 이러한 기도문으로 주님께 나아가 보십시오.

오! 나의 하나님, 나를 주님의 완전한 소유로 삼아주십시오.

오직 주님만 순전히 사랑하게 해주십시오. 주님은 한없이 사랑할

만한 분이십니다. 주님만이 사랑의 이유가 되십니다.

나의 하나님, 나의 전부가 되어주십시오. 주님만이 저의 모든 것이 되어주십시오.

이 외에도 마음에서 우러나는 기도가 있다면 주님께 올려드리십시오. 소리 내어 기도하다가 잠시 침묵하십시오. 이렇게 하면서 차츰 침묵 기도라는 중요한 습관이 생길 것입니다.

가능하면 성찬식을 자주 행하십시오. 최후의 만찬에서 예수 그리스도는 자신을 생명의 양식이라고 말씀하셨습니다. 그분이 우리의 영혼을 풍성하게 살찌우실 것입니다.

주님께 예배드릴 때마다 당신을 기억하겠습니다.

당신의 마음에 하나님의 나라가 임하여 주님이 당신을 친히 다스려주시기를 기도합니다.

프랑스 성 안토니 감옥에서
잔느 귀용

옮긴이 : 서희연

숙명여자대학교에서 교육심리학을 전공했으며, 현재는 펍헙번역그룹에서 전문번역가로 활동하고 있다. 옮긴 책으로는 「말씀의 힘: 세상을 바꾼 성경 말씀 100」, 「성경의 탄생」, 「재충전: 나를 회복시키는 하나님의 능력」, 「작은 혁신, 긍정 심리학 코칭」 등이 있다.